Johannes Schlüter ist zu viele! Seine 23 Persönlichkeiten arbeiten alle gleichzeitig in verschiedenen Berufen, und diese haben es in sich: Schlüter berät alle wichtigen politischen Parteien (*und* die FDP), er ist verantwortlich für die Pünktlichkeit der Deutschen Bahn, den Datenschutz bei Facebook und die Sanierung des griechischen Staatshaushalts. Schlüter saß zwischenzeitlich als *Bushpilot* im Kopfpit von George W. Bush, kurbelte als Verbrennflaggenverkäufer die arabische Empörungsindustrie an und jobbte nebenbei als autonomer Steineschmeißer, Nazi und Selbstmordattentäter.

Kein Wunder, dass Schlüter mittlerweile an 23-fachem Burn-out leidet. Im Sanatorium «Kuckucksnest» versucht er mit Hilfe der charmanten Therapeutin Lotti Schwerdtfeger, seine Vergangenheit aufzuarbeiten. Diese verrückte und unkonventionelle Rückschau auf sein Leben ist zugleich ein satirischer und extrem unterhaltsamer Blick auf alles, was in Politik und Gesellschaft in den letzten Jahren schiefgelaufen ist.

Dr. Jesko Friedrich und Dennis Kaupp entwickelten im Jahr 2003 für die NDR-Satiresendung «extra 3» die Kunst- und Kultfigur «Johannes Schlüter», über dessen verrückte Berufe sie seitdem weit über 100 Filme gedreht haben. Für diese Rubrik, die sie als Autoren, Regisseure und Schauspieler gestalten, bekamen sie 2009 den Adolf-Grimme-Preis. Neben harter Satire produzieren sie auch gerne schräge Sketche, wie man in ihrer NDR-Comedysendung «Dennis & Jesko – die Sketchköppe» sehen kann.

Mehr über die Autoren (und Johannes Schlüter) unter www.dennisundjesko.de.

Jesko Friedrich, Dennis Kaupp

ICH BIN ZU VIELE

Die 23 irren Leben des Johannes Schlüter

Rowohlt Taschenbuch Verlag

Originalausgabe
Veröffentlicht im Rowohlt Taschenbuch Verlag,
Reinbek bei Hamburg, Oktober 2012
Copyright © 2012 by Rowohlt Verlag GmbH,
Reinbek bei Hamburg
Umschlaggestaltung ZERO Werbeagentur, München
(Foto: © Thorsten Wulff)
Satz Minion PostScript, InDesign,
bei KCS GmbH, Buchholz bei Hamburg
Druck und Bindung CPI – Clausen & Bosse, Leck
Printed in Germany
ISBN 978 3 499 62968 6

Inhalt

277 23. THERAPIESITZUNG:
Grande Finale
Mein Leben nach der Therapie

Einleitung

Zugegeben: Ich bin Insasse einer Heil- und Pflegeanstalt, genauer gesagt, der psychiatrischen Spezialklinik «Kuckucksnest». Diese liegt sehr idyllisch direkt zwischen Emden und Heringsdorf und hat sich auf die Behandlung von Patienten mit ungewöhnlichen Persönlichkeitsstörungen spezialisiert.

Ich bin freiwillig hier, besser gesagt, *wir* sind freiwillig hier – ich habe nämlich eine gespaltene Persönlichkeit, die mir einige Probleme bereitet. *Mir auch.* **Mir auch.** Mir nicht, was habt ihr eigentlich alle, is' doch super, immer Leben in der Bude. (Sie ahnen vielleicht, von welchen Problemen ich spreche.)

Einige meiner Mitpatienten hier im Sanatorium haben nur zwei Persönlichkeiten, wie Rainer und Maria Rilke aus Zimmer 806. Andere haben so viele Mitbewohner im Oberstübchen, dass sie gegen sich selbst nicht nur Schach, sondern sogar Volleyball spielen können, soweit das im Kopf möglich ist – wie zum Beispiel mein Zimmernachbar Kasper. Unter der Woche hängt Kasper je nach Laune mit seinen Teilpersönlichkeiten Melchior und Balthasar oder eben Seppel und Gretel herum, während er sich am Wochenende lieber mit David und Friedrich zum Malen trifft. Neulich wollten die Rilkes und ich ihn und seine Persönlichkeiten zum Skat einladen, aber wir hatten nicht genug Stühle.

Und ich? Bei mir wurden 23 unterschiedliche Persönlichkeiten diagnostiziert, 23 Leben mit 23 Berufen. Putins Popularitätsbeauftragter, Kim Jong-ils Supernanny, Merkels innerer Schweinehund und so weiter. Klingt aufregend und abwechslungsreich, bereitete mir mit den Jahren aber immer mehr Probleme. Am Ende wurde ich vor lauter Selbstzweifeln richtiggehend depressiv. Schuld daran war die Einsicht, in dieser Welt nichts bewegen zu können, nicht das entscheidende Zünglein an der Waage zu sein, das alles zum Besseren wenden konnte. In keinem meiner Berufe hatte ich bis dato Wesentliches bewirkt. Rein statistisch gesehen hätte doch wenigstens *eine* meiner knapp zwei Dutzend Persönlichkeiten erfolgreich sein müssen. Schließlich hatte ich unter anderem zeitgleich für alle wichtigen politischen Parteien (*und* für die FDP) gearbeitet. Außerdem war ich für die Bundeswehr, die Deutsche Bahn und Facebook tätig gewesen, hatte wichtige Positionen innerhalb der katholischen Kirche und bei allen deutschen Fernsehsendern bekleidet – und nebenbei als Nazi, Linksautonomer und Selbstmordattentäter gejobbt. Alles erfolglos. Trotz meines unermüdlichen, ja beinahe hyperaktiven Engagements kam die Bahn jeden Tag aufs Neue zu spät, wurde in den Parteien weiterhin übelst herumgemurkst, fand die Bundeswehr immer noch nicht genug Freiwillige. Ich hatte Deutschland weder zur nationalen Volksgemeinschaft noch in die anarchistische Utopie geführt, und mich für meinen Glauben in die Luft zu jagen, hatte auch nicht geklappt.

Ich konnte nicht mehr. Ich war fertig. Leer. Am Ende. Ausgebrannt. Meine Energie reichte nicht einmal mehr dazu, SPD-Kanzlerkandidat oder «Wetten, dass ..?»-Moderator zu werden.

Mit letzter Kraft hatte ich also meine wichtigsten persönlichen Dinge in dreiundzwanzig Koffer gepackt und ein Taxi zum «Kuckucksnest» genommen, von dem ich wusste, dass man dort Hilfe bekommen konnte – außerdem war der Anstaltsleiter Professor Haberland ein alter Freund meiner Tante Horst.

An unser erstes Gespräch erinnere ich mich noch wie heute:

«Mein lieber Herr Schlüter», sagte der Professor damals, nachdem ich ihm meinen Fall geschildert hatte. «Sie arbeiten einfach zu viel.»

«Aber was soll ich denn machen?», fragte ich. «Jede meiner Persönlichkeiten will Vollzeit arbeiten, und es gibt so viel zu tun! Schauen Sie sich die Welt doch mal an! Einer muss doch die Verantwortung für alles übernehmen!» Dann sank ich wieder kraftlos in meinen Stuhl zurück. Der Professor trat heran und legte mir beruhigend die Hand auf die Schulter.

«Herr Schlüter, Sie haben einen sogenannten *Burn-out*. Damit liegen Sie im Trend, das haben viele zurzeit. Sie haben sich einfach überarbeitet. Da ist Schonung angesagt.»

«Sagen Sie das mal meinen ganzen Persönlichkeiten!», seufzte ich.

Der Professor überlegte einen Moment. «Sie haben Glück. Gerade heute Morgen hat bei uns eine neue Therapeutin angefangen, die zufällig Spezialistin für Burn-outs bei multiplen Persönlichkeiten ist. Die wird sich um Sie kümmern. Am besten, Sie bleiben erst mal ein paar Wochen hier, dann werden wir alles dafür tun, damit es Ihnen besser geht. Oder sind Sie Kassenpatient?»

«Nein, nein.»

«Gott sei Dank.»

Der Professor nahm den Telefonhörer in die Hand und wählte eine Nummer. Wenige Minuten später kam ein freundlicher Pfleger und brachte mich in ein geräumiges Einzelzimmer mit Blick auf den ausgedehnten Park, der zum Sanatorium gehört. Aus dem Fenster sah ich gepflegte Rasenflächen, hohe Bäume und einen idyllischen Ententeich. Drei kräftige Pfleger versuchten gerade, einen laut quakenden Patienten aus dem Wasser zu ziehen. Ein schrecklicher Gedanke schoss mir durch den Kopf: War ich vielleicht genauso verrückt wie er? Aber ich hatte doch nur Verantwortung übernehmen wollen …

Erschöpft ließ ich mich auf das mit frischem Leinen bezogene Bett fallen und schlief sofort ein.

«Zimmer: 806. Patient: Schlüter, Johannes. Anfangsdiagnose: Multipler aufgabenbezogener Burn-out. Status: schläft.»

Ich fuhr hoch. Wo war ich? Wie spät mochte es sein? Ich blickte in die Richtung, aus der die Stimme, die ich eben vernommen hatte, zu kommen schien. Im Türrahmen stand eine Frau in einem weißen Kittel, die ein Diktiergerät in der Hand hielt. Unsere Blicke trafen sich, und es machte Klick. Die Frau hatte das Diktiergerät ausgeschaltet. Ihr hübsches Gesicht wurde von langem kastanienbraunem Haar umrahmt, und ich fand sie sehr attraktiv. *Ich nicht.* Ja, du stehst ja auch auf behaarte Kerle. Hahaha! **Hihihi! Ruhe jetzt, laßt ihn doch mal weitererzählen!** Danke. **Gern geschehen.** Als sie sah, dass ich wach war, lächelte die Dame und plapperte drauflos.

«Ah, guten Morgen, Herr Schlüter! Mein Name ist Lotti Schwerdtfeger, Spezialistin für dissoziative Persönlichkeitsstörungen, neurotische Störungen, schwere Depressionen mit Suizidalität, Psychosen, Burn-out und Größenwahn. Und letztes Wochenende habe ich noch eine Fortbildung zum Thema Akupunktur und Heilfasten gemacht. Super Sache.»

«Äh», erwiderte ich, überrollt von so vielen Informationen auf einmal.

«Professor Haberland hat Sie mir zugewiesen», fuhr Frau Schwerdtfeger fort. «Ich bin Ihre Therapeutin. Letztes Jahr habe ich größtenteils mit Theatertherapie, Tanztherapie und Schütteltherapie gearbeitet, aber bei Ihnen könnte ich mir auch Ikebana, Urschreitherapie und Delphinreiten vorstellen. Super Sache.»

«Wenn die da die Lösung sein soll, dann hätte ich gerne das Problem zurück», hörte ich eine meiner Persönlichkeiten in meinem Kopf meckern. Doch da sprach die Therapeutin schon weiter.

«Oder Puppentherapie oder irgendwas mit Medikamenten. Aber zuallererst wollen wir uns mal begrüßen, nicht wahr?»

Frau Schwerdtfeger kam mit ausgestreckter Hand auf mich zu, stolperte aber über einen meiner dreiundzwanzig Koffer, der daraufhin umkippte und aufging. Hunderte von Notizblättern in Deutsch, Kyrillisch und Arabisch, Parteispendenquittungen, griechische Werbeprospekte, Bundeswehr-Fragebögen und Zeichnungen aller Art ergossen sich auf den Linoleumboden.

«Oh – sind das Aufzeichnungen von Ihren ganzen Berufen?»,
rief die Therapeutin, stand auf und zog ihren verrutschten Rock
zurecht. «Professor Haberland hat mir schon erzählt, wie vielseitig
Sie sind. In Ihrer Krankenakte ist ja die Rede von 23 Persönlichkeiten!»

Sie hockte sich neben den offenen Koffer und begann, interessiert in den herausgerutschten Dokumenten zu stöbern. Als ihr
mein FDP-Parteibuch in die Hände fiel, sah sie mich betroffen an.

«Sie sind bestimmt traumatisiert! Aber das kriegen wir schon
wieder hin. Und was ist das da?»

Sie zog unter einem Stapel Damenunterwäsche ein Blatt mit
amerikanischen Verkehrsschildern hervor und guckte es sich genauer an.

«Oh, das Zeichen kenne ich!», freute sie sich. «Das bedeutet …»

«Stopp!», brüllte ich, und die Therapeutin hielt erschrocken
inne.

«Sie können doch nicht einfach in meinen Sachen wühlen!»,
fuhr ich Frau Schwerdtfeger an. «Und überhaupt: Sind Sie immer
so aufdringlich? Ist das die Schonung, die mir Professor Haberland
empfohlen hat?»

Frau Schwerdtfeger schaute mich geknickt an. Dann legte sie
vorsichtig das Blatt zurück zu den anderen.

«Bitte entschuldigen Sie», sagte sie schuldbewusst. «Ich weiß,
ich schieße manchmal ein bisschen übers Ziel hinaus. Das ist meine
erste Festanstellung, und Sie sind mein erster eigener Patient, und
da bin ich ein bisschen aufgeregt. Aber ich will Ihnen wirklich nur
helfen.»

Jetzt sah sie mich ein bisschen wie ein Schulmädchen an, das
beim Abschreiben erwischt worden ist. Sie hatte sehr schöne reh-
braune Augen.

«Schon gut», brummte ich. «Ich wollte Sie auch nicht an-
schreien. Sie können sich gerne bei den Blättern bedienen, wenn
Sie die für die Krankenakte oder so brauchen. Aber das eben ging

mir alles ein bisschen zu schnell. Was wollen Sie mit Ihren ganzen Therapien überhaupt erreichen?»

«Also», begann Lotti, und man merkte, wie viel Mühe sie sich gab, weniger penetrant zu wirken. «Zunächst erholen Sie sich mal von Ihrem Burn-out, indem Sie ein paar Tage lang gar nichts machen. Und dann gucken wir uns mal Ihre ganzen Persönlichkeiten näher an. Vielleicht können Sie sich von einigen Ihrer Alter Ego trennen, damit Sie in Zukunft weniger Stress haben.»

«Und wie wollen Sie das machen, Frau Doktor?»

«Ich werde Sie mit Hilfe verschiedener Therapiemethoden nacheinander in Ihre 23 Persönlichkeiten zurückversetzen. Vielleicht helfen uns dabei auch Ihre Aufzeichnungen, denn manche Ihrer Teilpersönlichkeiten sind wahrscheinlich in Ihrem Unterbewusstsein verschüttet.»

«Und dann?»

«Wenn ich Sie mit Ihrer Vergangenheit konfrontiere, erkennen Sie vielleicht die weniger guten Seiten Ihrer jeweiligen Persönlichkeit und können sich dann von ihr trennen. Wenn Sie wollen, können wir auch versuchen, Ihre Teilpersönlichkeiten in einem Verschmelzungsprozess zusammenzuführen.»

Oha. Ob mein SPD-Ich wirklich mit meinem Banker-Ego oder dem kleinen Nazi in mir verschmelzen wollte? Ich war da skeptisch. Während ich versuchte, die Konsequenzen dieser Möglichkeit zu erfassen, klingelte Frau Schwerdtfegers Handy. Sie sah mich entschuldigend an und nahm den Anruf entgegen.

«Hallo, hier Doktor Schwerdtfeger? Ja? Oh, schon wieder? Ich komme sofort.»

«Was ist passiert?», fragte ich, während sie ihr Mobiltelefon verstaute und sich zum Gehen wandte.

«Ich muss los. Klaus, der gestörte Bäcker aus Zimmer 15, hat schon wieder ein Sofa aus dem Fenster geworfen. Unser letztes.»

«Oh», sagte ich, während sie schnell in Richtung Tür ging. Auf der Schwelle drehte sie sich noch einmal lächelnd zu mir um.

«Wir sehen uns morgen, Herr Schlüter! Ich freu mich!»

«Bis morgen, Frau Doktor.»

Kopfschüttelnd sah ich ihr hinterher.

Meine Therapeutin.

Frau Schwerdtfeger.

Lotti.

Anarchy in the BRD

«Herr Schlüüüüüüüüüüüüüüüüüüüter! Ich hab's! Das ist es!» Lotti Schwerdtfeger stürzte in mein Zimmer. «Herr Schlüter!», keuchte sie. «Wir können Ihre Persönlichkeit analysieren! Hier!» Sie zeigte mir einen Stapel Papptafeln, die aussahen, als hätte sich ein kleines Kind darauf übergeben, nachdem es seinen Tuschkasten gegessen hatte.

«Warum sollte ein kleines Kind seinen Tuschkasten essen?», fragte Lotti entgeistert. «Nein, nein, diese Farbkleckse sind Rorschachbilder!»

«Rohr-Schach? Vom Klempner Kasparow oder was?»

«Nein, von Hermann Rorschach, einem Schweizer Psychoanalytiker. Ich hatte letztes Wochenende eine Rorschachfortbildung in Gerlafingen. Super Sache. Jetzt habe ich ein qualitativ hochwertiges Testverfahren zur Verfügung, das eine tiefgehende Einschätzung Ihrer Gesamtpersönlichkeit erlaubt.»

Lotti strahlte wie ein Honigkuchenpferd und machte den Eindruck, als würde sie am liebsten auf der Stelle eine Partie Rorschach mit mir spielen. Aber mir kam ihre Eröffnung immer noch ein bisschen spanisch vor.

«Wie wollen Sie denn mit Hilfe dieser Klecksbilder etwas über meine Gesamtpersönlichkeit herausfinden?»

«Das ist ganz einfach, Herr Schlüter. Ich zeige Ihnen die Rorschachbilder, und Sie sagen spontan, was Sie auf den Bildern sehen. Gaaanz assoziativ. So bekommen wir direkten Zugang zu Ihrem Unbewussten, verstehen Sie?»

«Geht so.»

«Na super! Wie sieht's aus – wollen wir einfach mal anfangen?»

«Ror 1 feuerbereit, Käpt'n Schwerdtfeger. Torpedo ab.»

Tja, und dann ging es los. Kurz bevor Lotti mir das erste Klecks-
bild zeigte, wurde mir zwar ein bisschen schwarz vor Augen, aber
den Test schaffte ich trotzdem mit links. Und das waren meine
Ergebnisse:

JOHANNES SCHLÜTERS RORSCHACHTEST

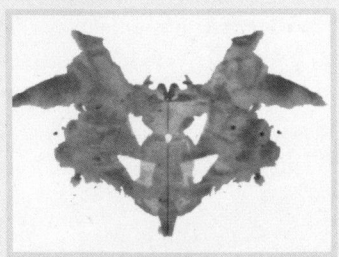

Der Kapitalismus zeigt seine
hässliche Fratze

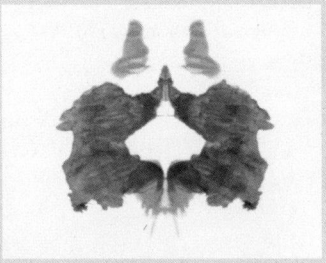

Rollo und Uwe geben sich «5»
nach einem besonders geilen
Farbbeutelwurf

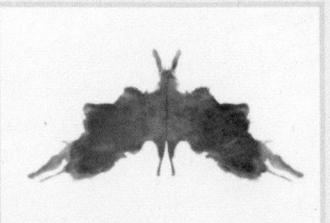

Irgendein Repräsentant des kapitalistischen Schweinesystems,
keine Ahnung

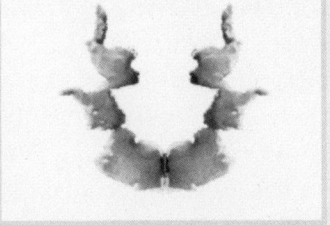

Ein Kommunist (marxistisch-
leninistisch mit trotzkistischen
Tendenzen) und ein Autonomer
(anarchistisch-kollektivistisch mit
syndikalistischem Background)
diskutieren darüber, wo man hier
die besten Schmeißsteine findet

**Connie und Tobi zersägen die
Schienen vom Castor**

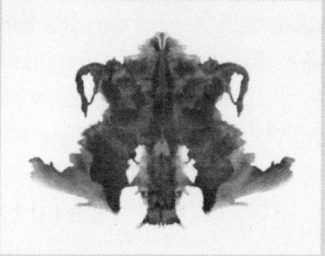

**Der dicke Bulle, der Connie und
Tobi kurz danach verhaftet hat**

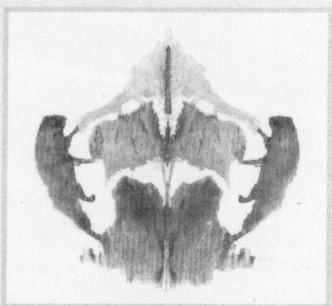

**Lutz und Tine klettern in Gorleben
über eine Absperrung**

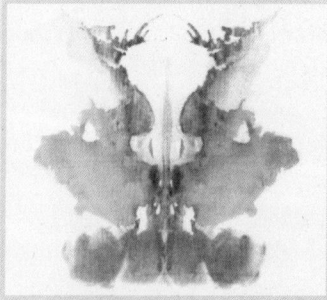

**Rollo setzt beim Molotowcocktail-
basteln die WG-Küche in Brand**

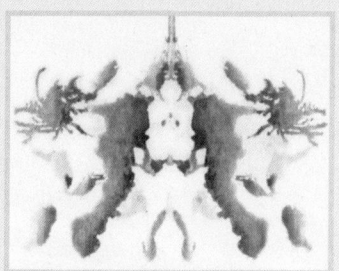

**Bine und ich ketten uns anein-
ander, und die Bullen setzen
Wasserwerfer ein**

**Tobi schießt einem Bullenauto
mit der Zwille zwei Beulen in die
Kühlerhaube**

«Mist! ‹Wasserwerfer› steht hier nicht und ‹Bullenauto› auch nicht! Was ist denn das für ein Drecksbuch?» Lotti blätterte hektisch in ihrem dicken Deutungsbuch und schimpfte dabei wie ein Rorschach. Dann sah sie mich hilflos an. «Tja, das tut mir furchtbar leid, Herr Schlüter, aber Ihre Assoziationen sind wohl ein bisschen … speziell. Zum Beispiel beim letzten Bild, normalerweise sehen da alle einfach nur zwei …»

«Heißt das, der Test war umsonst?», unterbrach ich sie.

«Na ja, vielleicht nicht ganz.» Lotti klappte das Deutungsbuch zu. «Mir scheint, diese Bilder haben die Erinnerung an eine ganz bestimmte Ihrer Persönlichkeiten geweckt, die wir uns mal näher ansehen sollten. Waren Sie zufällig mal in der autonomen Szene aktiv?»

«Kann sein. Haste mal 'n Euro? Ich wollt mir noch Kippen kaufen. Ich hatte noch 'ne halbe Schachtel, aber die ist bei der letzten Demo nass geworden.»

«Später vielleicht. Aber jetzt erzählen Sie erst mal.»

«Okay.» Und dann erzählte ich ihr

Mein Leben als Autonomer

Nach dem Abi hab ich erst mal meinen Zivildienst verweigert und bin dann zum Studieren nach Göttingen gegangen. Achtzehn Semester Autonomie, aber irgendwie hab ich nie Zeit gehabt, meine Zwischenprüfung zu machen, weil ich immer so viel zu tun hatte: Montag Treffen der Autonomen Antifa, Dienstag Basisgruppe, Mittwoch Demo gegen den Bullenstaat, Donnerstag Soliparty für die politischen Gefangenen des kapitalistischen Schweinesystems, Freitag Demo gegen das Großkapital, Samstag nach Hause, damit Mama meinen schwarzen Kapuzenpullover waschen kann, Sonntag Soliparty für die marxistische Befreiungsbewegung in Burkina Faso. Oder war's Burundi? Egal. Jedenfalls weiß ich noch, wie wir einmal total geile Plakate für irgendeine Soliparty gemacht haben, so Vierfarbdruck auf Hochglanzpapier und voll die geile Graphik mit 'ner echt coolen Schriftart, aber die Plakate waren so teuer, dass wir danach noch eine Soliparty veranstalten mussten, um die Kosten für die Plakate wieder reinzukriegen. Aber weil wir zu dieser «Plakatkosten-Soliparty» nicht schon wieder Geld für neue Plakate ausgeben wollten, haben wir das mit den Plakaten lieber gelassen, und deshalb ist dann auch irgendwie kein Schwein gekommen. Na ja. War jedenfalls 'ne geile Zeit.

Auf jeden Fall wollte ich erst mal das kapitalistische Schweinesystem kippen und *dann* Zwischenprüfung machen.

Unser Kampf hat sich übrigens an Mahatma Gandhi orientiert, war also völlig gewaltfrei. Also, weitgehend gewaltfrei. Also, Gewalt gab's nur gegen Sachen, klar. Am liebsten gegen Bonzenschlitten. Für mich war Autosanzünden immer ~~geil~~ ein schmerzhafter, aber notwendiger revolutionärer Akt, denn aus der Asche der kapitalistischen Ordnung soll sich ja die sozialistische Utopie erheben (am besten wäre es natürlich, wenn sich aus der kapitalistischen Asche gleich die *anarchistische* Utopie erhebt, aber wir wollen mal realistisch bleiben). Wir also los, Bonzenschlitten anzünden. Uli, Tobi, Rollo und ich. Leider haben wir keine richtig dicken Mercedesse oder BMWs gefunden, also haben wir uns irgendwann darauf geeinigt, dass ein VW Passat ja auch irgendwie bonzig ist. Aber als wir gerade einen anzünden wollten, hat so 'ne Oma aus dem Fenster geguckt, und dann sind wir ganz schnell weitergegangen und haben einfach irgendwo vor der Stadthalle ein relativ bonziges Motorrad umgeschubst. Geile Aktion! Nur das Ende war doof: Als wir wieder vor Ulis Wohnheim standen, hatte doch tatsächlich irgend so ein Arsch mein Fahrrad geklaut. Voll uncool – kein Respekt vor fremdem Eigentum, Alter! Da kann man mal sehen, was das kapitalistische Schweinesystem aus den Leuten macht.

Oben in der WG haben wir dann Chili con Carne gemacht und diskutiert, wie man das kapitalistische Schweinesystem am besten kippen kann. Tobi meinte, der lange Marsch durch die Institutionen sei ohne Alternative; ich meinte, um das System zu schwächen, sollten wir am besten alle arbeitslos werden und möglichst viel Staatsknete kassieren – und Bine meinte, wir hätten Bio-Hackfleisch kaufen sollen, um uns nicht mitschuldig zu machen an der Ausbeutung der Tiere. Uli meinte aber, erst wenn das ganze System durch ökonomische und ökologische Katastrophen zusammenbricht, kann sich aus der Asche der kapitalistischen Ordnung die sozialistische Utopie erheben und deshalb seien Bioessen und Umweltschutz voll konterrevolutionär. Bine ist daraufhin beleidigt in ihr Zimmer gegangen, und dem Rest von uns ist dann irgendwann schlecht geworden, weil Rollo das Chili con Carne mit Pfefferspray gewürzt hatte.

Jedenfalls war das Studium eine tolle Zeit. Ich wollte mindestens vierzig Semester studieren, um meine Arbeitskraft möglichst lange dem kapitalistischen System vorzuenthalten, aber irgendwann haben meine Eltern gesagt, ich soll endlich meine Zwischenprüfung machen, sonst streichen sie mir die Unterstützung. Tja, und da hab ich einfach mein Hobby zum Beruf gemacht und einen Autonomen Supermarkt eröffnet. Nur einen Steinwurf von der Uni entfernt, einfach an der roten Ampel zweimal links. Ich hatte mir gedacht: «Was braucht jeder Anarcho? Was hat Autonomalverbraucher im Warenkorb?» Die Antwort kannte ich ja aus eigener Erfahrung: Schmeißsteine, Molotowcocktails, Solipartyplakate, schwarze Kapuzenpullis, Spraydosen und natürlich jede Menge revolutionäre T-Shirts. Krawallbedarf aller Art halt. Um den Ersten Mai herum waren bei mir immer Farbbeutelwochen mit Sonderrabatten. Großes politisches Statement zum kleinen Preis! Ob für Gebäude, Autos oder als persönliche Überraschung für den Polizeibeamten deiner Wahl – schnell einen Beutel schmierige Farbe gegen die Uniform geklatscht, und der kann gleich als verdreckter Ermittler arbeiten, Alter!

Johannes Schlüters Autonomer Supermarkt

In den ersten Jahren waren die Umsätze in meinem Autonomen Supermarkt eher mau, aber als den Leuten klar geworden ist, dass man nicht unbedingt eine politische Meinung braucht, wenn man Polizisten mit Steinen bewerfen will, konnte ich mir mit den Scheinlinken, Lifestyle-Autonomen und frustrierten Vorstadtjugendlichen ganz neue Käuferschichten erschließen. Apropos neue Käuferschichten: Seit ein paar Jahren gibt es ja auch bei den Rechten einen Schwarzen Block, und wenn's um meinen Umsatz geht, kann ich ja links wie rechts. Was soll ich sagen, die Rechten kaufen genau die gleichen schwarzen Kapuzenpullis wie die Linken – mein Umsatz ist, seit ich mich nicht mehr um poltische Ausrichtungen kümmere, um dreißig Prozent gestiegen! An manchen Tagen ist der Andrang so groß, da ist echt *no pasarán* in der Kapuzenpulliabteilung. Man kann rechte und linke Autonome übrigens ganz leicht auseinanderhalten – ich hab da einen einfachen Trick: Ich geb immer zu wenig Wechselgeld, und wer es nicht merkt, ist meistens rechts.

Krawallbedarf am laufenden Band

In nachdenklichen Momenten habe ich mich schon manchmal gefragt, ob das nicht der linken Sache schadet, wenn ich die Rechten mit Krawallbedarf ausrüste. Aber hey: Erstens wird mit jedem Kauf Kapital von den Rechten zu uns Linken transferiert. Zweitens verstärken die Rechten das Chaos, sodass die kapitalistische Ordnung schneller zugrunde geht, aus deren Asche sich dann die sozialistische Utopie erheben wird (s. o.), und drittens denken ganz viele, die den rechten Schwarzen Block noch nicht so auf der Pfanne haben, dass der auch zu uns gehört. Zieh dir das mal rein! Die denken also, unser Schwarzer Block ist *doppelt so groß, wie er ist,* Alter! Okay, das kann natürlich auch Nachteile haben. Wenn die Rechten da so vermummt rumrennen, Sachen kaputt machen und ohne erkennbare politische Aussage Steine schmeißen, denken die Leute möglicherweise, *wir* sind das, und dann verlieren wir Linksautonomen unseren guten Ruf. Aber das Risiko muss man wohl oder übel eingehen.

«Oder wie siehst du das? Jetzt brauch ich aber wirklich mal 'ne Kippe. Kann ich mir von dir eine schnorren?»

«Nun, Herr Schlüter, ich denke, dass wir Ihre linksautonome Persönlichkeit jetzt wesentlich besser verstehen als vorher», siezte Lotti zurück, wodurch ich langsam wieder in die Gegenwart versetzt wurde. «Dass Sie früher mal Revolutionär waren, ist ja eine ganz normale Phase im Leben eines Heranwachsenden. Und dass Sie dann später Ihre Ideale verraten haben, um mehr Umsatz zu machen, gut – wenn das eine dissoziative Identitätsstörung sein soll, dann müssten wir hier im Sanatorium ungefähr zwanzigtausend neue Betten für die ganzen 68er reinstellen. Wie sagte schon Theodor Fontane: ‹Wer mit neunzehn kein Revolutionär ist, hat kein Herz. Wer mit vierzig immer noch ein Revolutionär ist, hat keinen Verstand.› Wie alt sind Sie noch mal?»

«Äh, neununddreißig, glaube ich.»

«Sehen Sie: Passt doch. Wir machen wirklich Fortschritte, Herr Schlüter. Na dann: Hasta la victoria siempre!» Sie ballte die linke Faust, schnappte sich ihre Rorschachtafeln und verschwand mit einem Zwinkern durch die Tür.

JOHANNES SCHLÜTERS TOP TEN
MEINE MEISTVERKAUFTEN LINKEN T-SHIRTS UND WAS SIE BEDEUTEN

1 Bekämpft den Staat und das kapitalistische Schweinesystem!

2 Aber Moment mal! Wenn das kapitalistische Schweinesystem zusammenbricht, wer bezahlt dann mein Arbeitslosengeld?

3 Nazis raus!

4 Dasselbe Motiv, wenn man es an den gewaltbereiten Schwarzen Block verkaufen will.

5 Dasselbe Motiv, wenn man es an den Schwarzen Block der *Rechten* verkaufen will. Man beachte den korrekt zum Gruß ausgestreckten Arm.

Knacks in the Achs

«Guten Morgen! Ich ha…»

«Jetzt lassen Sie mich doch erst mal ankommen. Ich hab noch nicht mal meine Jacke richtig ausgezogen. Ich hab noch keinen Kaffee getrunken, geschweige denn etwas gegessen. Ich hab noch kein Kreuzworträtsel und keine Zigarettenpause gemacht, weder Solitär noch Tetris gespielt, und mit meiner besten Freundin hab ich auch noch nicht telefoniert.»

Ich war entsetzt. Lotti Schwerdtfegers Vorzimmerdame Renate Holzwart war wirklich die unverschämteste Sekretärin, der ich jemals begegnet war. Ich wartete einige Minuten, bis sie sich schnaufend hinter ihrem Schreibtisch installiert, ihre chinesische Winkekatze aus der Schublade geholt und vier ausgedehnte private Telefongespräche geführt hatte. Gerade wählte sie die fünfte Nummer, um einer weiteren Freundin die Geschichte zu erzählen, wie sie auf einer Treppe stehen geblieben war, um sich eine Zigarette anzuzünden, als eine rücksichtslose Mutter sie anrempelte («Die war wohl zu faul, ihren Kinderwagen um mich herumzutragen – dabei war die Treppe wirklich breit genug!»), da räusperte ich mich verhalten.

«Was ist denn jetzt noch?», blökte Frau Holzwart mich an.

«Ich habe um elf einen Termin bei Frau Dr. Schwerdtfeger. Konfrontationstherapie.»

«Nehmen Sie schon mal im Behandlungszimmer Platz», schnarrte Frau Holzwart. Ich befolgte ihren Befehl und trat ein. «Tür zu!», blökte sie mir hinterher.

Ich setzte mich zögernd auf einen der Beratungssessel. Ob Lotti Schwerdtfeger meine gespaltene Persönlichkeit heute ein Stück

Renate Holzwart macht eine kleine Kaffeepause

weiter entschlüsseln würde? Und wie genau würde sie wohl vorgehen, um mich in eines meiner vielen Leben zurückzuversetzen?

Ich wartete und wartete, doch Frau Schwerdtfeger kam nicht. Mittlerweile zeigte die Uhr acht Minuten nach elf. Ich wunderte mich ein wenig. Ich hätte meine Therapeutin eigentlich gar nicht als unpünktlich eingeschätzt. Als um dreizehn Minuten nach elf immer noch weit und breit nichts von ihr zu sehen war, begann ich, unruhig zu werden. Um Viertel nach elf stand ich schließlich auf und wollte gerade wieder ins Vorzimmer gehen, als plötzlich Renate Holzwarts schneidende Stimme durch den kleinen Lautsprecher über der Tür drang: «Aufgrund von Bauarbeiten wird sich die Ankunft von Lotti Schwerdtfeger um einige Minuten verzögern. Wir bitten um Ihr Verständnis.» Ach so. Frau Schwerdtfeger steckte mit ihrem Auto noch irgendwo im Stau. Na gut. Ich setzte mich wieder und versuchte, die Lehne meines Sessels ein Stück nach hinten zu verstellen, aber irgendwie klappte das nicht. Na egal.

Um 11 Uhr 23 war meine Therapeutin immer noch nicht da. Frau Holzwarts stechendes Vokal-Organ schnarrte ein zweites Mal durch den Lautsprecher: «Die Ankunft von Frau Schwerdtfeger verzögert sich um weitere zehn Minuten. Sie werden aber alle Anschlusstherapien wahrnehmen können.» Immerhin, dachte ich. Um halb eins war nämlich Selbsthilfegruppe, und ich hatte mich dort mit Herrn Hoffmann aus Zimmer 17 verabredet. (Er war kein wirklich schwerer Fall. Seine drei Persönlichkeiten Ernst, Theodor und Amadeus kamen ohne viel Murren miteinander aus.)

11 Uhr 33. Ich tigerte ungeduldig im Behandlungszimmer auf und ab. Warten. Warten. Woher kannte ich dieses Gefühl? In diesem Moment knackte es wieder im Lautsprecher. «Die Ankunft von Frau Schwerdtfeger verzögert sich aufgrund eines außerplanmäßigen Halts am Kaffeeautomaten um weitere zehn Minuten.»

Dieses Warten machte mich ganz kribbelig. Hatte es irgendetwas zu bedeuten? Befand ich mich vielleicht bereits mitten in der Therapiestunde?

In meinem Unterbewusstsein ratterte es. Fünfzehn Minuten später erneutes Knacken im Lautsprecher. Renate Holzwart imitierte den abgehackten Duktus einer computergenerierten Bahnhofsdurchsage: «Frau Dr. Schwerdtfeger wird in wenigen Minuten eintreffen. Bitte beachten Sie: Die Therapiestunde von Frau Dr. Schwerdtfeger findet heute abweichend in Behandlungszimmer 2 statt.» Ich packte hektisch meine Sachen zusammen und eilte zum anderen Behandlungszimmer, das allerdings so voller Patienten war, dass ich nur noch einen Stehplatz direkt neben der defekten Toilette bekam. Bei mir kamen immer mehr Erinnerungsfetzen hoch. Genau so war doch mein Leben als …

«In Behandlungszimmer 2 trifft jetzt ein: die verspätete Frau Dr. Schwerdtfeger», plärrte da Frau Holzwarts Stimme. «Ankunftszeit war 11 Uhr. Bitte Vorsicht an der Tür.» Und während ich ein Stück von der Tür zurücktrat, dachte ich noch: «Ankunftszeit war 11 Uhr? War sie eben nicht, du Schnepfe! ‹Ankunftszeit wäre 11 Uhr gewesen, aber das hat ja wohl überhaupt nicht geklappt›, müsste es ehrlicherweise heißen! Wer dachte sich denn solche Ansagen aus? Der musste ja vollständig bescheuert …» Mich durchfuhr es siedend heiß. Oh Gott. Ich. Ich war das gewesen. Ich hatte diese Formulierung …

In diesem Moment öffnete sich die Tür, und Lotti Schwerdtfeger kam mit knapp sechzig Minuten Verspätung herein. In der Hand hielt sie einen kleinen Pappbecher. «Kaffee für Sie?», fragte sie mich. «Oh, das ist aber nett von …», wollte ich mich freudig überrascht bedanken, wurde jedoch gleich wieder von Lotti unterbrochen. «Sechs Euro neunzig. Milch kostet extra», verkündete sie. Und da passierte es.

KAWUMM!

Wie ein D-Zug der Deutschen Bahn raste ein weiteres meiner vielen Leben, Verzeihung, wie ein D-Zug der Deutschen Bahn bummelte ein weiteres früheres Leben an mir vorbei:

Mein Leben als Angestellter der Deutschen Bahn

Die Entscheidung, mich bei der Deutschen Bahn zu bewerben, fiel mir relativ leicht. Aus meiner eigenen Erfahrung als Bahnreisender wusste ich, dass die Bahn ein fairer, anständiger Arbeitgeber war. Hier bekam jeder eine Chance: Menschen, die offenbar keine Zähne mehr hatten, durften die Bahnhofsdurchsagen nuscheln; wer unter Aphasie litt, den brachte man in der Abteilung für Öffentlichkeitsarbeit unter, und irgendwann wurde für den telefonischen Fahrkartenkauf sogar ein schwerhöriges Sprachdialogsystem («Ich habe Sie leider nicht verstanden») eingestellt. Dementsprechend optimistisch ging ich in mein Bewerbungsgespräch. Als mir der Personalchef dann erläuterte, welchen Arbeitsplatz er sich für mich vorstellen könnte, verstand ich nur Bahnhof. Und genau das hatte er auch gesagt. «Wir suchen zurzeit noch Mitarbeiter für unsere Bahnhofs-Servicecenter. Fahrkartenverkauf am Schalter. Kunden, deren Zug in zwei Minuten fährt und die trotzdem noch wissen wollen, ob es mit der BahnCard 25, kombiniert mit Sparpreis aus Mitfahrer- und Frühbucherrabatt, oder mit der BahnCard 50 günstiger wird. Sind Sie ein Mann der schnellen Entscheidungen, Herr Schlüter?» Oha. Eine gute Frage. Eine wichtige Frage. Jetzt bloß nichts Falsches antworten. Ich überlegte einige Minuten und ging im Kopf zwei oder drei Situationen durch, in denen schnelle Entscheidungen von mir gefordert gewesen waren. Ja, doch, ich konnte durchaus schnelle Entscheidungen treffen. Andererseits kam es ja auch immer auf die Art der Entscheidung an. Schließlich wandte ich mich an den Personalchef und sagte mit fester Stimme: «Kann ich die Frage bitte noch mal hören?»

Doch anstatt die Frage zu wiederholen, sah er mich nur kopfschüttelnd an. «Herr Schlüter, Sie sind so eine Pfeife, fangen Sie doch als Zugbegleiter an.»

«Ich fürchte, ich kann gar nicht so schnell laufen, dass ich einen Zug irgendwohin begleiten könnte», gab ich zu bedenken. «Könnte ich nicht lieber als Zugmitfahrer arbeiten, so als Schaffner zum Beispiel?» Aber der Personalchef blieb hart, und wenige Minuten später hielt ich meinen Ausbildungsvertrag zum Zugbegleiter in den Händen. Eine gute Entscheidung, wie sich später herausstellte: Der Arbeitsplatz im «Servicecenter» wäre nicht sehr sicher gewesen, denn die Bahn verringerte gerade die Zahl ihrer Fahrkartenschalter und verkürzte die Öffnungszeiten in den Reisezentren. Außerdem wurden immer mehr langsame, begriffsstutzige Schalterbeamte durch langsame, begriffsstutzige Fahrkartenautomaten ersetzt. Da war ich als zukünftiger Zugbegleiter vorerst auf der sicheren Seite: Roboterschaffner waren erst für 2019 geplant.

Meine Ausbildungszeit genoss ich in vollen Zügen (ich durfte

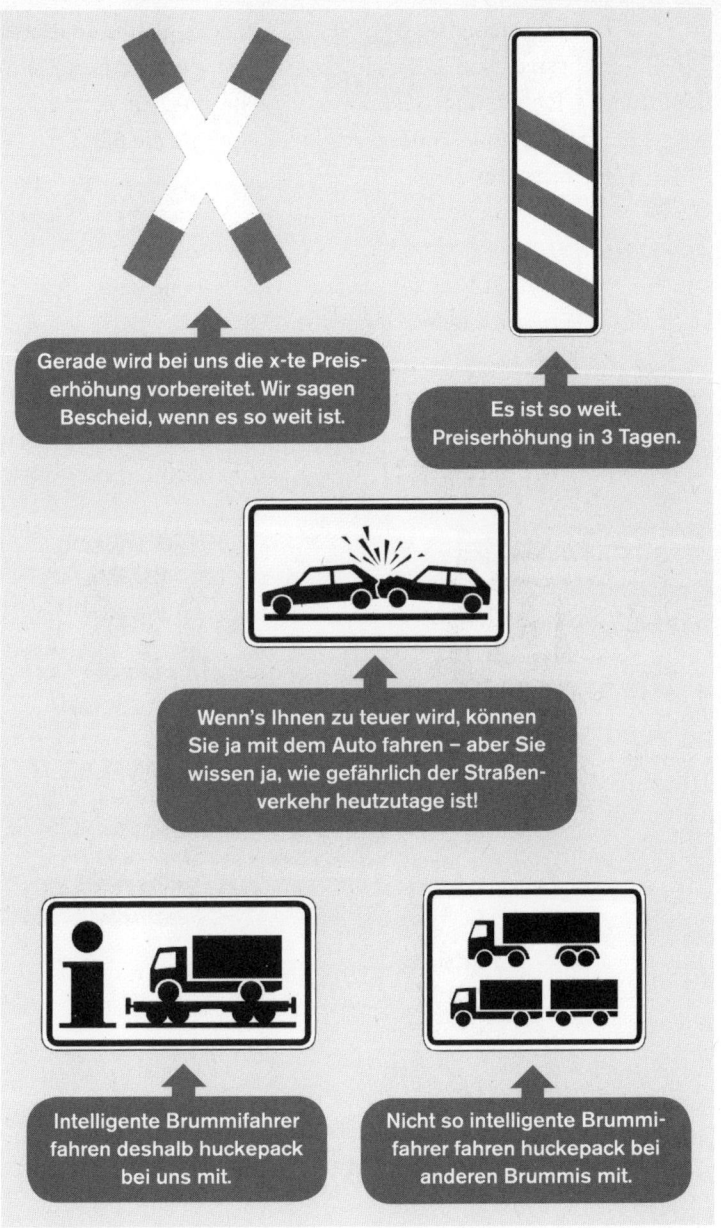

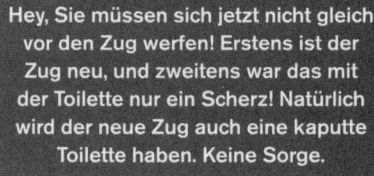

doch mitfahren). Und auch die Berufsschule machte großen Spaß. Am besten war ich den Fächern «Undeutliche Durchsagen deutsch» und «Undeutliche Durchsagen englisch», aber auch die Kurse «Reduziert Auskunft geben» und «Gar keine Auskunft geben» schloss ich mit einem «Ausreichend» ab. Eines der anspruchsvollsten Fächer war «Pannenkunde». Dort lernten wir zuallererst den richtigen Wortschatz, um Zugverspätungen zu entschuldigen. Deshalb erhält jeder angehende Zugbegleiter zu Beginn seiner Ausbildung das «ABC der häufigsten Verspätungsgründe». Gerade spielte mir mein alter Ausbilder die aktuellste Version zu.

DAS ABC DER HÄUFIGSTEN VERSPÄTUNGSGRÜNDE

- **A**ußerplanmäßiger Halt

- **B**ahnhof verpasst, wir müssen noch mal zurück (Wolfsburg kann man halt leicht übersehen)

- **C**ash in de Täsch is the name of the game (Zitat von Bahnchef Grube, Übersetzung: «Regelmäßige Wartung und Reparatur sind uns zu teuer, deshalb ist Ihr Zug leider kaputt.»)

- **D**efekter Triebwagen (vgl. auch «C»)

- **E**lche auf Gleisen (selten)

- **F**rühling

- **G**leisbruch (jahrelang vernachlässigtes Schienennetz, vgl. auch «C»)

- **H**erbst

- **I**ndianerüberfall (selten)

- **J**apanische Touristengruppe auf Gleisen (selten)

- **K**ühe auf Gleisen (etwas weniger selten)

- **L**okführergewerkschaft streikt

- **M**orgentau auf Gleisen

Na, «Morgentau auf Gleisen», das ist aber keine richtige Panne!

Oh doch! Wenn da so die Sonne drauf scheint, was meinst du, wie das den Lokführer blendet! Da fährt der lieber langsam, bevor was passiert

Privatisierung (Die privaten Investoren, denen die Bahn jetzt gehört, haben gerade keine Lust, in Personal, Loks oder Schienennetz zu investieren – deshalb ist Ihr Zug leider kaputt. Interne Anmerkung: Diese Ausrede bitte erst nach dem Börsengang verwenden)

Quallen auf Gleisen (selten, höchstens mal auf dem Eisenbahndamm nach Sylt)

Reservekapazitäten, fehlende («Wir würden Ihnen jetzt gerne eine Reservelok zur Verfügung stellen, aber wir haben keine»; vgl. auch «C»)

Sommer

Tür klemmt (vgl. auch «C»)

Unvorhergesehenes Wetter (Schneefall und Eis im Winter, Hitze im Sommer, Wind im Herbst)

Vereiste Oberleitungen (vgl. auch «U»)

Winter

Xylophon auf Gleisen (sehr selten)

Yaks auf Gleisen (extrem selten)

Zugverspätungen haben aber auch ihr Gutes: ein Innehalten inmitten der Hektik unseres stressigen Alltagslebens, Entschleunigung, Besinnung auf die wirklich wichtigen Dinge im Leben – denken Sie mal drüber nach, lieber Fahrgast! Das ist wie in diesem Buch «Die Entdeckung der Langsamkeit». Kennen Sie das? Sollten Sie mal lesen! Hmm. Wo war ich stehen geblieben? Ach ja, Ihr Zug verspätet sich auf unbestimmte Zeit

Die anderen Zugbegleiter-Azubis und ich hatten das Prinzip dieser Liste sehr schnell verstanden, und wenn wir zu spät zum Unterricht kamen, waren wir nie um eine Ausrede verlegen. Irgendwann ließ unser Berufsschullehrer Herr Schafbäcker auch einfach die Ausrede gelten, man sei mit der Bahn gekommen.

Doch als Zugbegleiter bei der Deutschen Bahn muss man auf alles gefasst sein. Auch darauf, dass ein Zug mal pünktlich ankommt. Für diesen recht unwahrscheinlichen Fall gab uns Herr Schafbäcker folgende Faustregeln an die Hand:

1. Auf der Anzeigetafel die Verspätungsankündigung löschen.
2. Türen der Anschlusszüge diesmal bitte offen lassen. Es könnte doch noch jemand zusteigen.
3. Glückwünsche der Fahrgäste professionell entgegennehmen, eigene Überraschung über die plötzliche Pünktlichkeit verbergen.
4. Wurst- und Zeitungsverkäufer am Bahnhof telefonisch vor kurzfristigen Umsatzeinbußen warnen und gleichzeitig Mut machen: Der nächste gelangweilte Passagier mit einer Wartezeit von zwei bis drei Stunden kommt bestimmt.

Aber unvorhergesehene Pünktlichkeit kommt bei der Deutschen Bahn zum Glück nur alle fünf Züge vor. Unserem damaligen Ober-Chef Hartmut Mehdorn haben wir deshalb zum Geburtstag spaßeshalber mal eine «Pünktlichkeits-Bahncard 20%» geschenkt. Fand er aber irgendwie nicht so lustig. Aber als wir im Anschluss noch ein von mir geschriebenes Geburtstagslied schmetterten, klatschte auch er mit. Darin ging es um den damals geplanten Börsengang, den Herr Mehdorn ja mit allen Mitteln voranbringen wollte. Kritiker warfen ihm vor, wertvolles Gemeinschaftseigentum an profitgierige Investoren verscherbeln zu wollen, die dann wie in England die Bahn kaputtsparen würden, um mehr Gewinn zu machen. Aber ich glaube, der Mehdorn hätte schon drauf geachtet, dass unsere Bahn nur an nette Investoren verkauft wird, die selbst unrentable Nebenstrecken aus Fairness weiterbetreiben, auch wenn es dann mal ein paar Jahre lang keine Dividende gibt. Na ja, jedenfalls wollten wir unserem Chef ein bisschen Mut ansingen.

Als Melodie hatte ich den alten Gassenhauer von Hans Albers «Auf der Reeperbahn nachts um halb eins» genommen:

Mehdorn, lieber Kleiner,
bist mir einer, sagst nicht nein.
Haust bis morgen früh um neune
eine Preiserhöhung rein.
Die Bahn hat Milliarden Gewinn gemacht,
doch wir hätten gern zehn.
Scheiß auf den Kunden,
denn wir woll'n doch nur
an die Börse geh'n.

Bei der Deutschen Bahn mittags um eins,
ob du 'n Gewissen hast oder auch keins,
mach die Schalter dicht,
Service braucht man nicht.
Schmeiß die Leute raus, auch die Fräuleins!

Wer noch niemals gestanden hat dumm
in der Schlange im Reisezentrum,
ist ein armer Wicht, denn er kennt das nicht.
Auch die Ticketmaschine bleibt stumm.
Und jetzt alle!!!

Bei der Deutschen Bahn abends um neun,
ob du 'n Anschluss hast oder auch kein',
ja man regt sich auf,

doch wir pfeifen drauf,
bei der Deutschen Bahn abends um neun.

Wer noch niemals in eisiger Nacht
einen Bahnsteigbummel gemacht,
ist ein armer Wicht, denn er kennt das nicht,
dieses Warten bis morgens um acht.

Dieses Lied war mein Durchbruch. Herr Mehdorn war begeistert und ernannte mich zum musikalischen Sonderbotschafter der Deutschen Bahn. Für jede Panne sollte ich einen bekannten Hit so umschreiben, dass er den erbosten Bahnkunden über das Bordradio die Wartezeit verkürzt. Hier eine Liste meiner größten Erfolge:

1. *Summer Intercity* (Unvorhergesehener Klimaanlagenausfall)
2. *I'm stinking in the train* (Mögliche Folge von zweistündigem unvorhergesehenen Klimaanlagenausfall)
3. *All you need is Luft* (Mögliche Folge von sechsstündigem unvorhergesehenen Klimaanlagenausfall)
4. *Words don't come easy* (Bitte um Nachsicht bei holprigen Zugansagen)
5. *Baby, you can drive my car* (Schienenersatzverkehr 1)
6. *Leaving on a jetplane* (Schienenersatzverkehr 2)
7. *She's got the Lok* (Die Prüfstelle will den defekten Antriebswagen nicht freigeben)
8. *Runaway Train* (Anschlusszug konnte leider nicht warten)
9. *Don't toilet me be misunderstood* (Klo defekt)
10. *Am Waggon vor mir fehlt ein kleines Rädchen* (Inspektionsfehler)

Da ich einmal sein Vertrauen gewonnen hatte, betraute mich Herr Mehdorn mit weiteren wichtigen Aufgaben. Ich war unter anderem dafür verantwortlich, die Lautsprecheransagen am Bahnhof möglichst positiv zu formulieren (z. B. bei der Ankunft verspäteter Züge: «Ankunftszeit war 14 Uhr» – nicht «Ankunftszeit wäre 14 Uhr gewesen, wenn wir es nicht so entsetzlich verbockt hätten»). Aber eine andere Mission war dem Bahnchef noch wichtiger: Es gab ja damals unter den Bahnangestellten eine Menge ziemlich schräger Zugvögel, die partout gegen einen Börsengang waren oder sonst etwas gegen unseren Chef hatten. Und genau um die sollte ich mich kümmern. «Johannes», sagte Herr Mehdorn eines Tages zu mir, «ich weiß nicht, wie ich es diesen Kritikern recht machen soll. Was wollen die eigentlich? Was denken sie? Ich glaube, wir wissen einfach zu wenig über die.» Und genau das sollte ich ändern. Ich sammelte also alle Informationen, die ich über die Kritiker der Bahnprivatisierung finden konnte: Bankkonten, Ehepartner, Privatkontakte – Herr Mehdorn ließ nichts unversucht, sich wirklich in diese Leute hineinzuversetzen. Alles nur mit dem Ziel, ihren Wünschen besser entsprechen zu können. Offenbar kam dabei heraus, dass sich die meisten seiner Kritiker wünschten, entlassen zu werden. Und diesen Wunsch erfüllte Herr Mehdorn ihnen dann natürlich auch.

Aber entweder hatte er sich dabei so sehr in seine Kritiker hineinversetzt, dass er jetzt auch entlassen werden wollte, oder die Presse hatte etwas gegen ihn (das Wort «Datenaffäre» geisterte in diesen Tagen durch die Zeitungen). Jedenfalls war für ihn im Jahr 2009 der Zug bei der Bahn abgefahren, und er trat zurück. Auch ich blieb dabei auf der Strecke und wurde vom musikalischen Sonderbotschafter zum Jahreszeitenbeauftragten degradiert.

Das muss man sich mal auf der Zunge zergehen lassen: Jahreszeitenbeauftragter. Ich alleine gegen die vier schlimmsten Feinde der Deutschen Bahn!

Aber was half es? Mein neuer Chef Rüdiger Grube zählte auf

Bahnchef Grube und sein Lieblings-Lokvogel Johannes Schlüter

mich, und so begann ich voller Tatendrang meine Arbeit auf dem Jahreszeitentestgelände der Bahn in Aumühle bei Hamburg.

Ausgefallene Klimaanlagen im Sommer, umgestürzte Bäume im Herbst, eingefrorene Weichen im Winter – höhere Gewalt, wohin man blickte. Doch schon bald war mir klar, was zu tun war. Meine erste Amtshandlung bestand darin, den Frühling als höhere Gewalt für alle Ausfälle der Bordelektronik verantwortlich zu machen (vgl. dazu meinen Aufsatz «Teufelszeug Blütenstaub – warum die Bahn wieder mal nichts dafür kann»). Für alle weniger jahreszeitbedingten Bahn-Pannen schlug ich kurzerhand zwei Zwischenjahreszeiten vor: den *Frinter* für verstopfte Toiletten und den *Hommer* für defekte Radachsen bei der Berliner S-Bahn. Meine Vorschläge wurden vom meteorologischen Bundesamt sofort in siebenfacher Ausfertigung abgesegnet.

Eines Tages, als ich gerade mal wieder eine komplette Winter-Versuchsreihe unternahm, bekam ich unangekündigten Besuch von einem aufdringlichen NDR-Gutmenschenreporter in einem schäbigen Cordsakko.

«Herr Schlüter, wie bereitet sich die Bahn auf Blitzeis vor?», fragte er und hielt mir dabei investigativ das Mikrophon ins Gesicht.

«Dir zeig ich's», murmelte ich, ging ein paar Schritte zu den Versuchsgleisen und legte blitzschnell eine Kugel Vanilleeis auf die Schiene. Schon brauste unsere Testmaschine Molly, ein achtzig PS starkes, mannshohes Diesellokmonster, darüber hinweg. Ohne Komplikationen!

«So, Hannelore», sagte ich laut und deutlich zu meiner Assistentin, sodass es auch die etwas weiter weg stehende NDR-Flitzpiepe hören konnte, «wir notieren: trotz Blitzeis keine Entgleisung, keine Behinderung bei der Fahrt, keine Personenschäden.» Ich zeichnete einen großen Haken auf meinen Testbogen. «Und jetzt: Stufe 2 – Verschärfung der Versuchsbedingungen!»

Kaum hatte ich zu Ende gesprochen, da lag auch schon eine Kugel Stracciatella voller tückischer Schokosplitter auf den Schienen. Und schon wieder schoss Molly mit Höchstgeschwindigkeit (12,5 km / h, bei Rückenwind 13) völlig unbeeindruckt über das Blitzeis hinweg. Ich zeichnete demonstrativ einen weiteren übergroßen Haken auf meinen Testbogen und ging entschlossenen Schrittes auf den Reporter zu. Er sah mich fassungslos an und legte gleich mit der ersten polemischen Frage los:

Reporter: Herr Schlüter, Ihre Versuche, den Jahreszeiten zu trotzen, sehen, mit Verlaub, sehr bemüht aus. Haben Sie aus dem Chaos im letzten Winter nichts gelernt?

Schlüter: Na ja, es konnte ja keiner damit rechnen, dass nur ein Jahr später schon wieder Winter ist. Deshalb haben wir das Geld nicht für Weichenheizungen ausgegeben, sondern für Stuttgart 21 zurückgelegt. Mein Chef, Herr Grube, sagt immer: «Cash in de Täsch is the name of the game.»

Reporter: Wie bitte?

Schlüter: Na ja, Cash in de Täsch … Money for the Deutsche Bahny …

Reporter: Enteisungsanlagen waren Ihnen also zu teuer?

Schlüter: Ach, sagen wir's so: A little Frost from Nordost is no pain for the train.

Reporter: Ja, aber Eis on the Gleis is not klug for the Zug.

Schlüter: Das ist auch wieder wahr.

1:0 für mich, dachte sich wohl der Cordsakko-Typ und setzte gleich noch einen Nadelstich obendrauf.

Reporter: Und im Sommer fallen dann wieder die Klimaanlagen aus.

Schlüter: Ach, ein bisschen Schwitz in the Sitz is not wrong for the Waggon.

Reporter: Herr Schlüter, mal ganz ehrlich: Wird die Bahn kaputtgespart?

Schlüter: Wie bitte?

Reporter: Na ja, zu viel spar'n bei der Bahn can you bald nicht mehr fahr'n.

Schlüter: Ach so. Nönö. So'n kleiner Knacks in the Achs is doch kein Schock for the Lok.

Mit gerunzelter Stirn verabschiedete sich das investigative Cordsakko. Bahnchef Grube sah sich das Interview tags darauf im Fernsehen an. Mein dichterisches Talent beeindruckte ihn dabei anscheinend mehr als die Stichhaltigkeit meiner Argumente, denn nur zwei Tage später hatte ich meinen alten Job als musikalischer Sonderbotschafter der Deutschen Bahn wieder.

Der erste Einsatz führte mich nach Stuttgart. Der baden-württembergische Ministerpräsident Stefan Mappus hatte seinen letzten großen Wahlkampfauftritt vor der Landtagswahl 2011 und machte auf dem Stuttgarter Marktplatz noch einmal ordentlich Werbung für das Mammutprojekt Stuttgart 21. Einen Bahnhof der Zukunft, der dem Image der Deutschen Bahn angepasst und deshalb komplett unterirdisch angelegt worden war.

Der Stuttgarter Marktplatz war voller gellend pfeifender schwäbischer Wutbürger, und diesen Juchtenkäferstreichlern wollten wir es so richtig zeigen. Mappus betrat die Bühne und kam nicht zu Wort. Ein rot-grünes Donnerwetter in Form von Gurken und Tomaten hagelte auf ihn herab. Eine Rede war unter diesen Umständen undenkbar. Ich schnappte mir kurzerhand meine Akustik-Klampfe und rief Mappus zu: «Komm, lass uns die Bühne rocken!» Mappus zögerte kurz, griff sich dann den Regenschirm seines Bodyguards und trat der Menge entgegen. Das Vuvuzela-Gashupen-Trillerpfeifen-Konzert schwoll wieder an, die Gemüsegeschosse prasselten auf den aufgeklappten Regenschirm, doch als ich die ersten Akkorde anschlug, ebbte das Wutgeheul zunehmend ab. Der Pöbel erkannte sofort die Melodie von «Auf de schwäb'sche Eisebahne». Mappus nutzte den Moment der Ruhe, schnappte sich das Mikrophon und legte den Regenschirm beiseite. Zu früh. FLATSCH! Eine saftige Bio-Salatgurke traf ihn mitten ins Gesicht, aber das war ihm jetzt egal. Er holte tief Luft und sang, wie er noch nie gesungen hatte. Er sang gut.

Für die schwäb'sche Eisebahne
muss man zwanzig Jahre plane,
ganz gemäß dem Schwabentraum
«Schaffe, schaffe Scheiße bau'n.»

Und an die Koschten hängen mir noch ein paar …
Nulla Nulla Nulla dra,
Nulla Nulla Nulla dra,
ganz gemäß dem Schwabentraum
«Schaffe, schaffe Scheiße bau'n.»

Für de schwäb'sche Eisebahne
schlägt man eifrig Untertane.
Für den Frieden und die Ruh
drückt man gern ein Auge zu. (bit.ly / lS91Hq)

Aber am allerschlimmschten sind immer noch die Ökos wie z.B.
Claudia Roth, diese

Trulla Trulla Trullala
Trulla Trulla Trullala
Die heult um jedes Büschel Gras,
da braucht man nicht mal Tränengas

So, jetzt wird noch ein bissle verhandelt, und nächschte Woche
lasse mir wieder die

Bulle Bulle Bulle los
Bulle Bulle Bulle los
Fröhlich knallt der Wasserstrahl,
scheiß doch auf die Landtagswahl

Tja, und die hat der Mappus dann auch prompt verloren. Den
meisten Wählern war wohl die feine, selbstkritische Ironie entgan-
gen, die in dem Lied steckte. Der Rest ist bekannt. Neuer baden-
württembergischer Ministerpräsident wurde der Grüne Win-
fried Kretschmann und der Bahnhof trotzdem gebaut. Mappus
verschwand in der Versenkung, und ich nahm den nächsten Zug
nach Hause. Als ich am Bahnsteig stand, schnarrte es plötzlich im
Lautsprecher über mir: «Die Wagen der ersten Klasse befinden sich
im hinteren Zugteil – dieser wird heute fünf Minuten später eintreffen.»

O Gott. Diese Stimme. Es war eine Stimme aus einer anderen
Welt. Es war die Stimme von … Renate Holzwart.

Der Bahnhof löste sich vor meinen Augen in nichts auf, und ich
befand mich wieder in Behandlungszimmer 2 des Sanatoriums
«Kuckucksnest».

«So, Herr Schlüter», begrüßte mich Lotti. «Ich glaube, in dieser Persönlichkeit steckt ein wesentlicher Teil Ihrer dissoziativen Identitätsstörung. Ich sag nur: selektive Wahrnehmung. An Verspätungen ist bei Ihnen immer jemand anders schuld, nie die Bahn.»

«Was für Verspätungen?»

«Sehen Sie? Wir haben noch eine Menge Arbeit vor uns. Genau wie die Bahn.»

Sie stand auf und überließ mir den mittlerweile kalten Kaffee kostenlos. Ein feiner Zug von ihr.

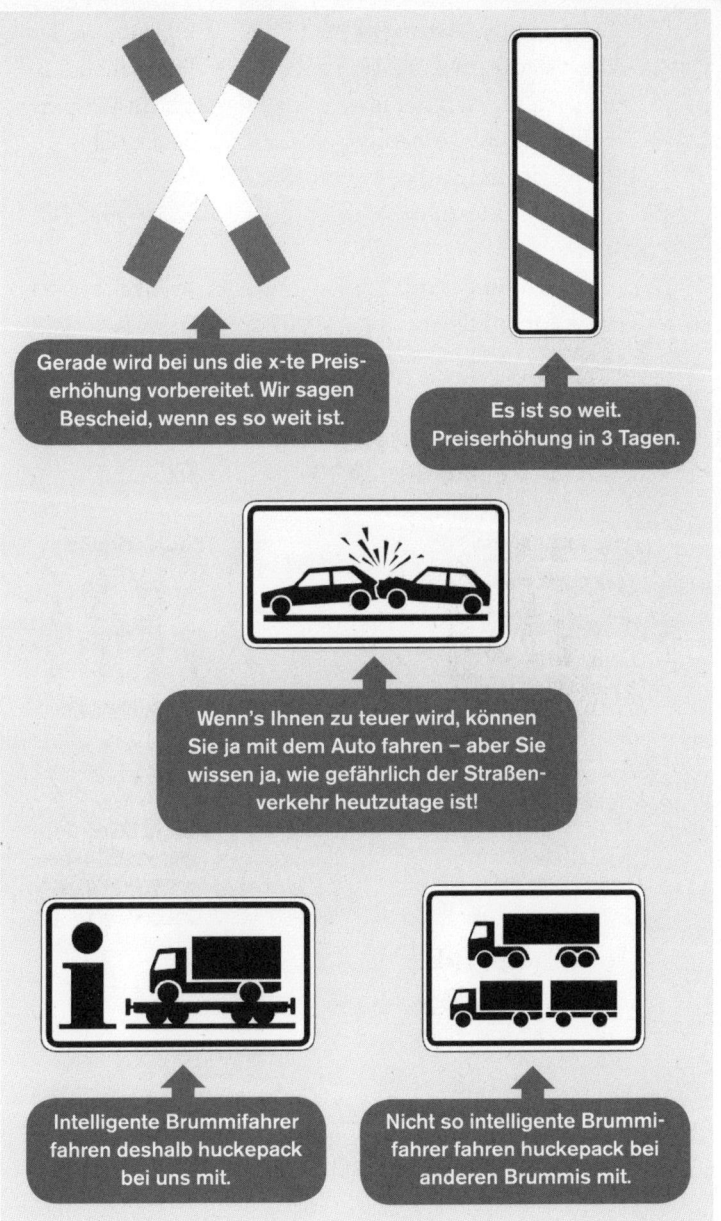

Gerade wird bei uns die x-te Preiserhöhung vorbereitet. Wir sagen
Bescheid, wenn es so weit ist.

Es ist so weit.
Preiserhöhung in 3 Tagen.

Wenn's Ihnen zu teuer wird, können
Sie ja mit dem Auto fahren – aber Sie
wissen ja, wie gefährlich der Straßen-
verkehr heutzutage ist!

Intelligente Brummifahrer
fahren deshalb huckepack
bei uns mit.

Nicht so intelligente Brummifahrer fahren huckepack bei
anderen Brummis mit.

Hart wie Pseudokruppstahl

«Guten Morgen, Herr Schlüter!», rief meine Therapeutin Lotti Schwerdtfeger, während sie ein seltsam aussehendes Gerät ins Behandlungszimmer schob. Es hatte die Größe eines Backofens, und über diverse Kabel und Schläuche war es mit einem silbernen Helm verbunden, auf dem zwei Antennen angebracht waren.

«Lassen Sie mich raten!», rief ich ihr entgegen. «Eine meiner Persönlichkeiten war ein Marsmännchen?»

«Nicht ganz richtig, aber auch nicht ganz falsch, Herr Schlüter», lachte Lotti. «Die Persönlichkeit, die uns heute interessiert, ist in der Tat ein kleiner Giftzwerg, der hinterm Mond lebt. Sind Sie bereit für Ihr Leben als Nazi?»

Ich war entsetzt. «Oh nein», stöhnte ich, «sagen Sie bitte nicht, dass ich mal ein Nazi war!»

«Eine Ihrer Persönlichkeiten schon», erwiderte Lotti bedauernd. «So steht es in Ihrer Krankenakte. Aber natürlich verdrängen Ihre zweiundzwanzig anderen Persönlichkeiten das ziemlich heftig. Kann man ihnen ja auch nicht verdenken. Aber wir müssen diesen Teil Ihres Ichs trotzdem aufarbeiten. Nur so kommen wir an die Ursachen für Ihren Burn-out; außerdem können Sie mit dieser Persönlichkeit abschließen und haben dann wieder Platz in Ihrer rechten Hemisphäre.»

«Und wie wollen Sie das machen?», fragte ich. «Wie, bitte schön, soll ich mich in eine Nazipersönlichkeit hineinversetzen?»

«Ganz einfach!», sagte Lotti. «Mit Hilfe dieses neuronalen Cerebralregulators.» Sie zeigte auf das mitgebrachte Gerät. «Dazu habe ich letztes Wochenende eine Fortbildung gemacht. Super Sache.»

Ich sah mir die Apparatur skeptisch an.

«Und wie genau funktioniert das?»

«Zunächst», erklärte Lotti, «deaktiviert der neuronale Cerebralregulator in Ihrem orbitofrontalen Cortex die Synapsen für Anstand, Moral und Mitgefühl, dann verstärken wir in Ihrem Stammhirn die niederen Instinkte wie Angst vor Fremden und bedingungslosen Gehorsam. Und zum Schluss bringen wir noch Ihren IQ auf Zimmertemperatur.»

Sie nahm unternehmungslustig den silbernen Helm in beide Hände und kam damit auf mich zu. «Ich setze Ihnen einfach mal den galvanisierten Stahlhelm hier auf, okay?»

Bei dem Gedanken, mich von weiten Teilen meines IQs zu verabschieden, wurde mir extrem mulmig zumute.

«Äh, Frau Schwerdtfeger?», wandte ich ein. «Können wir noch mal darüber reden, bitte?»

«Na klar!»

Sie stellte den Helm wieder hin.

«Wenn Sie mit diesem neuen Zebra… äh, Cerealienregulator …»

«Neuronaler Cerebralregulator.»

«Genau. Wenn Sie mit diesem Ding mein Gehirn braun frittieren – bleibt das dann so?»

Lotti lachte.

«Natürlich nicht! Wir regulieren Ihre cerebrale Leistungsfähigkeit für die Dauer der Therapiesitzung nach unten und danach wieder hoch.» Sie drehte zur Bekräftigung einen kleinen Drehknopf an der Maschine hin und her.

«Und ist das – sicher? Ich meine, ist das Ding irgendwie TÜV-geprüft oder so?»

«Nicht direkt, aber das funktioniert schon», beruhigte sie mich. «Wenn auch nur das geringste Risiko bestünde, dass Sie danach Ihr Leben lang ein rechtsradikaler Klappspaten blieben, würde ich diese Behandlung schon in meinem eigenen Interesse nicht durchführen. Ich will doch noch was von Ihnen haben!»

Dabei zwinkerte sie mir schelmisch zu. Ich war ein bisschen verwirrt. Aha!? Wie sollte ich das denn verstehen? Wahrscheinlich wollte sie nur einen zurechnungsfähigen Patienten, mit dem sie ihre Therapie erfolgreich durchziehen konnte, sagte ich mir. Oder war ihr letzter Satz doch anders gemeint? Ich sah in ihre rehbraunen Augen und hatte auf einmal den unbändigen Wunsch, etwas für diese Frau zu tun. Gut, den Mond vom Himmel zu holen oder einen Tisch bei meinem Lieblingsitaliener zu reservieren, hätte ich irgendwie besser gefunden, aber es sollte wohl heute eine Nummer heftiger sein. Ich beschloss, für Lotti zum Nazi zu werden – hoffentlich wirklich nur vorübergehend.

«Na gut, Frau Doktor», sagte ich. «Ich hoffe, Sie haben eine gute Haftpflicht.»

«Hab ich.» Sie sah mich warmherzig, aber entschlossen an. Dann nahm sie den Helm, setzte ihn mir auf und schaltete die Maschine an, die mit einem monotonen Brummen zu laufen begann. Lotti holte tief Luft und drehte den Drehknopf fast ganz nach rechts. Mir wurde plötzlich braun vor Augen und

KAWUMM!

war es wieder da:

Mein Leben als Nazi

Als ich wieder zu mir komme, sitze ich im Wartezimmer meines Hausarztes in Koblentz, Landkreis Uecker-Randow in Mecklenburg-Vorpommern. Hier hat die NPD bei der letzten Landtagswahl sage und schreibe 33% geholt. (Na gut, 45% wären besser gewesen, aber wir sind ja noch längst nicht am Ende.) Ich als Parteimitglied bin mächtig stolz und denke gerade daran, wie es jetzt mit Deutschland endlich bergauf geht, als mich ein altes Muttchen, das ebenfalls im Wartezimmer hockt, mitleidig anspricht.

«Sie Armer! Das ist ja schrecklich. Erst die Chemotherapie und jetzt auch noch orthopädische Schuhe. Sie können einem wirklich leidtun.»

Ich fahre mir mit der Hand über den kahlrasierten Schädel und lasse den Blick über meine Springerstiefel schweifen. Ach ja, ich bin ja Skinhead. «Nein, ich habe keinen Krebs, sondern Dellwarzen», erläutere ich der Oma. «Die Glatze ist nicht wegen Chemo. Ich bin Nazi.»

«Sie Armer! Das ist ja schrecklich», wiederholt die Oma. Vielleicht hat sie mich nicht richtig verstanden. Aber für weiteren Smalltalk, Verzeihung, für ein weiteres 𝕶𝖑𝖊𝖎𝖓𝖌𝖊𝖘𝖕𝖗ä𝖈𝖍 (immer schön deutsch bleiben) ist dann auch keine Zeit mehr, denn ich werde ins Behandlungszimmer gebeten. Der Arzt verschreibt mir eine Salbe gegen das Jucken, und ich düse zu meinem Kumpel Ronny Lampe. Ronnys Bude ist zwar derart dreckig, dass man sich die Schuhe an der Fußmatte abtreten muss, wenn man rausgeht, aber das juckt uns nicht. Wir kommen ja eh so gut wie nie raus. Eigentlich wollen wir ja Ausländer verdreschen, aber bei uns in der Gegend gibt's so was nicht, bis auf Döner-Kemal von Kemal's Döner-Treff, und der macht echt guten Döner. Wer dem was tut, kriegt es mit uns zu tun. Deswegen haben wir jetzt beschlossen, eine Nazi-Band, Verzeihung, eine 𝕹𝖆𝖟𝖎-𝕸𝖚𝖘𝖎𝖐𝖌𝖗𝖚𝖕𝖕𝖊 zu gründen.

Ronny Lampe und Tsven Kollwitz sind meine besten und einzigen Freunde hier in Koblentz. Tsven heißt eigentlich Sven, aber irgendwie konnte das keiner von uns aussprechen. Wir sind waschechte Skinheads, Verzeihung, 𝕳𝖆𝖚𝖙𝖐ö𝖕𝖋𝖊. Wir sind deutsch, wir sind national, wir sind Arier, und wir sind stolz drauf.

Gerade feiern wir die Überlegenheit der arischen Rasse auf Ronnys fleckigem Sofa bei ein paar Dosen Bier und Kartoffelchips. Es ist Viertel nach zwölf am Mittag. Ronny kratzt sich die Plauze und berichtet uns von dem letzten Konzert seines großen Bruders

Maik. Maik ist nationaler Liedermacher und unser totales Vorbild. Er spielt grundsätzlich live und unplugged, Verzeihung, **lebend und ausgestöpselt**. Na gut, er hätte auch gar nichts, was er einstöpseln könnte, zum Beispiel ein Mikrophon oder eine Gitarre oder so was. Maik kann auch gar kein Instrument spielen, er singt einfach. Aber nicht einfach so, sondern national.

Ronny: Gestern wieder Konzert vom Maik. Geil gewesen.

Johannes: Ach, im Jugendclub, Verzeihung, im **Jugendverein**?

Ronny: Immer schön deutsch bleiben, Johannes.

Johannes: Sorry. Äh, Verzeihung, **Verzeihung**. Wie war's denn?

Ronny: Brechend voll, also ich zumindest. Zuschauer waren nicht viele da. Genauer gesagt nur zwei. Ich und meine Mutter, die kam gerade zufällig zum Zigarettenholen vorbei.

Johannes: Höchste Zeit, dass wir unsere eigene Nazi-Musikgruppe gründen. Wie sollen wir uns nennen? Wir brauchen einen coolen, äh, Verzeihung, einen **kühlen** Namen.

Ronny: Irgendwas, das zeigt, wo wir herkommen. Heimattreue und so.

Johannes: Wie wär's mit «Ossi Ostborn»?

Ronny: Immer schön deutsch bleiben, Johannes.

Johannes: Verzeihung. **Ossi Ostgeboren**. Klingt schön deutsch, Ronny.

Ronny: Klingt schön scheiße, Johannes.

Johannes: Stimmt.

Ronny: Ich hab's. Wir nennen uns «Kruppstahl».

Johannes: Das ist doch scheiße. Guck dich doch an, du Hänfling gehst doch nicht mal als Wellblech durch.

Ronny: Das sagt gerade der Richtige, du Aluminiumfolie.

Johannes: Dann lasst uns halt was nehmen, was so ähnlich klingt. Tsven, du hast immer noch diesen pfeifenden Husten!

Tsven: Äh, ja. Öchött, öchött. Kchhhh!

Johannes: Dann heißen wir ab jetzt «Pseudokruppstahl».

Ronny: Geil.

Johannes: Und worum geht es in unserem ersten Hit?

Ronny: Immer schön deutsch bleiben, Johannes.

Johannes: Verzeihung. Worum geht es in unserem ersten 𝔗𝔯𝔢𝔣𝔣𝔢𝔯?

Ronny: Dosenbiertrinken.

Johannes: Das kann doch nicht alles sein.

Ronny: Gut. Dosenbiertrinken und Flaschenbiertrinken.

Johannes: Schon besser, aber vielleicht noch was Nationales? So mit Aussage?

Tsven: Ich hab's. Unser erstes Lied heißt: «Die scheiß Ausländer nehmen uns die Arbeitsplätze weg!»

Johannes: Da musst du doch keine Angst vor haben.

Tsven: Wieso?

Johannes: Du hast ja gar keinen Arbeitsplatz.

Tsven: Stimmt auch wieder.

Ronny: Is doch aber scheißegal. Den Text können wir später immer noch schreiben. Lass uns lieber mal loslegen. Kann irgendjemand von euch ein Instrument spielen?

Tsven und Johannes: Nö.

Johannes: Ich wollte eigentlich der Sänger sein.

Ronny: Nee, singen will ich schon.

Tsven: Ehrlich gesagt würde ich auch gern singen.

Ronny: Schöne Scheiße. Wisst ihr was? Wir gehen jetzt erst mal zu Kemal's Döner-Treff und essen einen Happen. Heute gibt's Iskender Kebap und Lahmacun als Mittagstisch.

Eigentlich fing meine Kindheit gar nicht verkorkst an. Ich fühlte mich wohl in der damaligen DDR. Früher war die Welt auch noch nicht so furchtbar globalisiert wie heute. Es kamen nicht jede Woche neue technische Erfindungen mit englischen Namen auf den Markt, man war unter sich, alles war klein und übersichtlich, kurz – man kannte seine Heimat wie seine Ostentasche.

Als ich geboren wurde, gaben meine Eltern ihre Halbtagsstellen auf, um mehr Zeit mit ihrem Nordhäuser Doppelkorn verbringen zu können. Und so wuchs ich bei meiner Tante Ingrid auf. Tante Ingrid betrieb den einzigen Schnellimbiss in Koblentz. Sie servierte ihren hungrigen Kunden Grilletta, Goldbroiler, Ket-Wurst und die gute Brühpolnische. Im Rückblick auf diese Zeit in der DDR kann man sagen: Es war nicht allen schlecht. Aber den meisten.

Als dann nach der Wende Kemal's Döner-Treff eröffnet wurde, war das ein Schlüsselerlebnis für mich. Erstens: Ausländer nehmen uns Deutschen die Arbeitsplätze weg. Namentlich meiner Tante Ingrid. Zweitens: Kemal konnte wesentlich besser kochen als sie. Ich wurde sein Stammgast.

In meiner Jugend spielte ich viel Fußball. Ich war rechter Verteidiger der E-Jugend vom BSV Koblentz-Ost, und Fair Play, Verzeihung, 𝕲𝖊𝖗𝖊𝖈𝖍𝖙𝖘𝕾𝖕𝖎𝖊𝖑 war für mich oberstes Gebot. Einmal habe ich drei Jahre lang keine einzige Gelbe Karte bekommen. Gut, das lag wahrscheinlich daran, dass ich von 1991 bis 1993 auf der Ersatzbank saß. Und warum? Weil mir Ausländer den Arbeitsplatz weggenommen hatten: Níkos, Wassili und Torsten. Na gut, Torsten war kein Ausländer, aber er spielte besser als ich.

Als ich dann sechzehn wurde und meinen Grundschulabschluss in der Tasche hatte, machte ich ein Praktikum beim Nazi-Lokalsender «Heil.FM». Kennt ihr den vielleicht? Das Frühstücksradio mit den Mega-Hits der Dreißiger und Vierziger und dem Besten von heute? Ronnys Urgroßvater hatte den Sender irgendwann vor siebzig Jahren gegründet. Bei sich im Keller hat Ronny noch alte Tonbandaufnahmen aus dieser Zeit gefunden, die wir uns mal gemeinsam angehört haben («Und jetzt die Verkehrsmeldungen. Vorsicht an der Ostfront. Zwischen Kiew und Leningrad kommt Ihnen der Russe entgegen. Und weiter geht's mit der Polenflugvorhersage …»). Damals war echt was los. Muss eine tolle Zeit gewesen sein.

Als ich bei Heil.FM angefangen habe, sollte ich zuerst eine Umfrage zum Thema «Faule Ausländer» machen, als Lokalreporter. Ich also rein in die nächste Kneipe. Leider saßen da nur der Tsven und der Ronny. Ronny hat dann gesagt, die Arbeit, die ist ja nach ein paar Bierchen immer noch da, die läuft ja nicht weg, und da haben wir erst mal drauf angestoßen.

Als ich dann sechs Stunden später wieder vom Stuhl aufgestanden bin, um meine Umfrage zu starten, hab ich ins Diktiergerät gereihert.

Danach bin ich zur Unterhaltungsredaktion versetzt worden. Da gab es zu der Zeit ein Quiz, Verzeihung, ein **Ratespiel**, bei dem man Fragen zur Allgemeinbildung beantworten musste. Jeden Tag kamen wieder hundert Mark mehr in den Jackpot, äh, den **Hans-topf**, aber irgendwie hatte nach ein paar Wochen immer noch kein Hörer die erste Frage richtig beantwortet. Also haben wir das Geld aus dem Hans-Topf einfach versoffen. Und anschließend noch das entartete amerikanische Musikstück «Rock Around The Clock» aufgelegt – selbstverständlich in der deutschen Version:

Eins, zwei, drei Uhr, vier Uhr ... Felsen!
Fünf, sechs, sieben Uhr, acht Uhr ... Felsen!!
Neun, zehn, elf Uhr, zwölf Uhr ... Felsen!!!
Wir felsen heut Nacht um die Uhr herum ...

In dieser Zeit hat sich meine felsenfeste nationale Gesinnung noch weiter gefestigt: Die arische Rasse ist allen anderen überlegen, und am allerüberlegensten sind die Deutschen.

Manchmal komme ich aber bei all dem Überlegensein doch ins Überlegen: Wenn deutsche Arier alles besser können, wie kann es dann sein, dass die Ausländer uns die Arbeitsplätze wegnehmen? Wahrscheinlich stellen die ganzen Arbeitgeber irgendwie aus Versehen keine Deutschen, sondern Ausländer ein zum Spargel-stechen, Sushikochen, Basketballspielen, FDP-Vorsitzender-Sein und so weiter.

Warum gibt es dafür eigentlich kein Gesetz? Arbeitsplätze zuerst für Deutsche? Jeder Arbeitsplatz müsste mit einem überlegenen arischen deutschen Arbeitnehmer besetzt werden, weil der schließlich die bessere Arbeit macht (bis auf Kemal's Döner-Treff, für Kemal sollte so ein Gesetz natürlich nicht gelten).

Und stellt euch vor, wie ich mich gefreut habe, als es dann endlich eine Partei gab, die genau das fordert – die NPD!

Da bin ich natürlich sofort eingetreten. Und weil ich der Klügste von meinem ganzen Kreisverband war, sollte ich gleich den Partei-Leitfaden für Nachwuchsnazis schreiben. Und hier ist er:

Johannes Schlüters Nazi-ABC
Alles, was ein Nazi wissen muß

𝔄

APFEL, HOLGER: Seit er Bundesvorsitzender ist, geht es der NPD gar nicht so schlecht, wie er aussieht.

AUSLÄNDER: siehe «Arbeitsplätze wegnehmen»

ARBEITSPLÄTZE WEGNEHMEN: siehe «Ausländer»

AUTOBAHN: Die einzige gute Sache, die man Hitler zuschreibt. Dabei er hat auch die Fahrradwege gebaut. Glaube ich zumindest.
Müsste man mal nachschlagen.

𝔅

BERÜHRUNGSÄNGSTE: Gibt es ja in der deutschen Gesellschaft immer wieder in Bezug auf Ausländer und Schwule. Ich für meinen Teil hab keine Berührungsängste. Einige meiner besten Freunde haben schon Schwule verkloppt.

BRUNCH: Entartetes englisches Wort für Frittagessen.

ℭ

CONSDAPLE: Nationale Kleidermarke. Enthält den Schriftzug einer verbotenen Partei, den man ganz toll sieht, wenn man eine geöffnete Jacke über dem T-Hemd trägt, die das «CO» und das «LE» verdeckt. Dieser Name war übrigens der zweite Versuch. Die T-Hemden mit dem ersten Entwurf (ICH BIN EIN FREUND DES HUHNS DAPHNE) verkauften sich schlecht. (Siehe auch «Dapoxetin»)

D

DAPOXETIN: Arzneimittel gegen frühzeitigen Samenerguss. Toller Tipp für alle vorschnell ejakulierenden Kameraden: Wenn man auf seinem T-Hemd den Spruch RAN ANS DAPOXETIN! hat und eine geöffnete Jacke drüber trägt, sieht man den Schriftzug einer verbotenen Partei! (Siehe auch «CONSDAPLE»)

E

ERNEUERBARE ENERGIEN: Ein gutes Wahlkampfthema für die NPD, um neue Wählerschichten zu erschließen. Ein erster Entwurf, der leider im Landtag von Mecklenburg-Vorpommern abgelehnt wurde, ist unten im Bild zu sehen.

F

FILM: Ein ganz toller Nazifilm ist «Fest der Schönheit». Geht irgendwie um Olympia.

Nackte, verschwitzte Athletenkörper, Männersauna, gegenseitiges Massieren und Schlagen mit Birkenreisern, lachende Gesichter unter der Dusche. Geil.

Andere tolle Nazifilme, die aber noch gedreht werden müssen: der Tanzfilm «Dirty Danzig», der Zeichentrickfilm «Arier – die Meerjungfrau» und natürlich «Obersalzberg Mountain» mit Hitler und Ernst Röhm als sensible Cowboys. (Geplante Szenen: Männersauna, gegenseitiges Massieren und Schlagen mit Birkenreisern, lachende Gesichter unter der Dusche. Geil.)

G

GEHIRNERSCHÜTTERUNG: Kann bei Prügeleien schon mal vorkommen. Haben wir Nazis aber keine Angst vor.

H

HEILFASTEN: Abgebrochene Geste, bei der man beinahe einen Hitlergruß macht, dann aber gerade noch rechtzeitig daran denkt, dass das ja verboten ist.

HUHN DAPHNE: Geplantes Wappentier national gesinnter Deutscher. Höchstwahrscheinlich entschieden sich meine Kameraden aufgrund einer Zeitungsmeldung im Landshuter «Wochenblatt» (s. u.)

Huhn Daphne legt in XXL

…z normale Hausnummer … …ere …s inre g… …z normale… …so Legemehl, Weizen, Mais – …u Leckerlis gibt es Würmer", erzählt das Mädchen fachkundig. …richtig zutraulich seien die schwarze Chilli und die braune Daphne schon geworden: „Wenn ich draußen bin, laufen sie immer hinter mir her", freut sich die Zehnjährige. Und wie es sich für gute Legehennen gehört, spendieren sie dem Mädchen beide jeden Tag ein frisches Ei: „Das ist immer ein großes Gegacker. Chillis Eier sind eher weiß und Daphnes braun", erzählt

http://www.wochenblatt.de/nachrichten/altoetting/regionales/Ei;art22,73061

dafür, Daphne zu ihrem Maskottchen zu machen. Doch diese Idee scheiterte, da das Huhn selbst eher gemäßigte politische Ansichten vertritt. (Siehe «Consdaple»).

J

IQ: Abkürzung für Intelligenz-quotient. Ein hoher IQ ist Voraussetzung für einen Platz in der NPD-Fraktion. Bei den NPD-Parlament-Ariern im Landtag von Mecklenburg-Vorpommern liegt der IQ auch ziemlich hoch – besonders, wenn man alle zwölf Abgeordneten zusammenrechnet.

J

JÜDISCH-BOLSCHEWISTISCH-KAPITALISTISCHE WELT-VERSCHWÖRUNG: Veraltete Theorie, da sie zu kurz greift. In Wirklichkeit haben sich nicht nur die Juden, die Kommunisten und das kapitalistische Ausland gegen uns Nazis verschworen, sondern auch noch die CSU, die Grünen, die PDS, die SPD und die CDU und die Wähler von denen. Und die ganzen Studenten und Prominenten und der Papst und auch alle anderen

irgendwie (siehe «Volks-gemeinschaft»). Voll gemein, wenn man eine Minderheit ist und alle gegen einen sind. Die Leute sollten mehr Rücksicht auf Minderheiten nehmen, irgendwie.

K

KRIMINALITÄTSBEKÄMPFUNG: Wichtiges Wahlkampfthema, bei dem die NPD eine vorbild-liche Vorreiterrolle einnimmt: Sie holt die Verbrecher von der Straße und gibt ihnen ein Parteiamt (siehe «Vorstrafe»).

L

LOHNDRÜCKER: Ausländer, die billiger arbeiten als Deutsche und uns so die Arbeitsplätze wegnehmen. Schon 2005 forderte die NPD im sächsi-schen Landtag: «Grenze dicht für Lohndrücker!» Wer Lohn-drücker beschäftigt, ist nämlich ein … oh, ich höre gerade, die NPD-Zeitung «Deutsche Stimme» wird auch in Polen gedruckt (bit.ly / HMB48t). Äh, also … na gut: Wer Lohndrü-cker beschäftigt, ist ein … ein kluger Sparfuchs, der Volks-vermögen nicht unnötig zum Fenster rausschmeißt. Genau.

N

NAZIBANDS: Machen laute Musik. Nicht schön, aber national.

NAZI GORENG: Asiatisches Reisgericht, kräftig eingedeutscht. Nicht für Veget-Arier geeignet.

NEGERMUSIK: Nicht national, aber leider geil. (Siehe auch «Rock Around The Clock»)

P

PASTÖRS, UDO: Stellvertretender Bundesvorsitzender der NPD. Vorbestraft. Hat schon mal türkische Männer als «Samenkanonen» beschimpft. Hat ein Juweliergeschäft und möglicherweise einen sehr kleinen Penis.

Q

QUALLE: siehe «Apfel, Holger»

R

RASSENREINHEIT: Voraussetzung für einen gesunden Volkskörper. Wenn man keine Fremden heiratet, sondern nur untereinander, dann hat man eine reine Rasse. In einigen national gesinnten deutschen Dörfern bereits konsequent durchgeführt: Dort heiratet man grundsätzlich nur jemanden aus dem eigenen Dorf – oder, noch konsequenter: aus der eigenen Familie.

ROCK AROUND THE CLOCK: Entartetes amerikanisches Musikstück. Nur in der deutschen Version («Felsen um die Uhr») zu singen.

S

SCHWULE: Männer, die Männer und nicht Frauen lieben (siehe auch «Röhm, Ernst» und «Kühnen, Michael»). Vermehren damit einerseits rein statistisch die Wahrscheinlichkeit, dass man als Nazi auch mal eine Freundin abbekommt, dezimieren aber andererseits durch Nichtfortpflanzung ihr eigenes Volk. Wer soll denn bitte schön die ganzen Ostgebiete (und Deutsch-Süd-West-Afrika) besiedeln, wenn die Schwulen sich lieber gegenseitig besudeln, statt mit deutschen Frauen zu knuddeln?

T

TJA, aber wenn Schwule ihr eigenes Volk dezimieren, müssten wir dann nicht schwule Ausländer gut finden? Bruce

Darnell und die Village People und so?

Themenwechsel: Kommen wir zu «Textilien».

Textilien: siehe «Thor Steinar»

Thor Steinar: Deutsche Bekleidungsmarke für nationale Deutsche, die ihr arisches Deutschtum nicht nur unter der Haut, sondern auch auf der Haut tragen wollen. Die Marke gehört der Firma «Al Zarooni Tureva» mit Sitz in Dubai.

U

Ungestimmte Gitarren: siehe «Nazibands»

Unrhythmischer Schlagzeuger: siehe «Nazibands»

Undeutliches Gegröle: siehe «Nazibands»

V

Volksgemeinschaft: Alle Deutschen bilden irgendwie eine Einheit und stehen fest zusammen. Zurzeit leider meistens noch gegen uns Nazis, aber wir arbeiten dran. (siehe «Jüdisch-bolschewistisch-kapitalistische Weltverschwörung»)

Vorstrafe: Kein Problem. Siehe «Pastörs, Udo» und eine ganze Reihe anderer NPD-Kameraden (Alexander Bode, Adolf Dammann, Nils Fortmann, Thorsten Heise, Erwin Kemna, Stefan Köster, Peter Marx, Gordon Richter, Karl Richter, Frank Schwerdt, Ingo Stawitz, Andreas Theissen, Patrick Wieschke, Ralf Wohlleben usw.)

W

Weltkrieg: Zu Risiken und Nebenwirkungen lesen Sie ein Geschichtsbuch, oder fragen Sie Ihre Großeltern.

Y

YouTube: Weltnetzplattform, auf der man Clips posten, äh, Klammern pfosten kann. Gut für Propaganda. Sollte aber nach Ergreifung der Weltherrschaft baldmöglichst in DuRohr umbenannt werden (immer schön deutsch bleiben).

Z

Zivilcourage: Nervt total. Man kann nicht mal in Ruhe Ausländer bepöbeln, ohne dass gleich einer meckert.

Außerdem stellte ich für alle meine Kameraden eine Übersicht der wichtigsten Nazisymbole zusammen, da bei unseren Aufmärschen immer wieder Fragen dazu aufgetreten waren.

Nicht verwechseln, Kamerad!
Johannes Schlüter erklärt die
wichtigsten nationalen Zeichen und Symbole

Zunächst zu den Zahlen, die jeweils für einen Buchstaben im Alphabet stehen: Wir benutzen weiterhin die 18 für «Adolf Hitler» und die 88 für «Heil Hitler». Neu sind die 8947 für «Hitler ist der Größte», die 8-8-19-1-21-6-7 für «Hitler hat super Autobahnen und Fahrradwege gebaut» und die 8-9-5-20-20-4-8-1-14-12 für «Hitler ist ein toller Typ, den ham alle Nazis lieb.»

Kommen wir zu den Plakaten und T-Shirts. Runen sind da immer gut, Kameraden. Germanische Tradition und so. Aber Vorsicht – es besteht Verwechslungsgefahr. Ein paar Beispiele:

 **Odal-Rune** – Symbol von Hitler-Jugend und Wiking-Jugend

 **Rote Aids-Schleife** – du hast Recht, Kamerad Dietmar, das sieht so ähnlich aus und ist auch sehr hübsch, aber es bedeutet leider etwas ganz anderes. Bitte bei der nächsten Demo nicht wieder tragen.

 Das ist die **Wolfsangel** der Hitler-Jugend.

Das ist NICHT die Wolfsangel der Hitler-
jugend, Kamerad Volker. Aber mal gucken,
vielleicht kannst du dir das Tattoo ja wieder
weglasern lassen.

Keltenkreuz (symbolisiert die Überlegenheit der
weißen, nordischen Rasse)

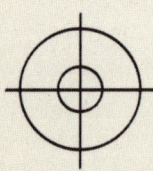

Zielscheibe (symbolisiert, wohin man die mat-
schige Tomate haben will. Hat sich Kamerad
Hartmut letztes Jahr aus Versehen auf den
Hinterkopf tätowieren lassen. Seitdem stinkt
er nach jeder Demo wie eine alte Pizza. Aber
vielleicht kann er sich das Tattoo ja wieder
weglasern lassen.)

Auch beim guten, alten Hakenkreuz gab es in letzter Zeit
einige Missverständnisse. Den Kameraden Diethelm
und Meinhard sei an dieser Stelle noch einmal gesagt: Danke
für die Mühe, die ihr euch beim Plakatemalen gegeben habt,
aber mit «Hakenkreuz» waren weder Garderobenhaken noch
Angelhaken gemeint. Und Kamerad Ulf sollte noch mal an
seiner Rechtschreibung arbeiten – obwohl sein Harkenkreuz
natürlich auch sehr schön geworden ist.

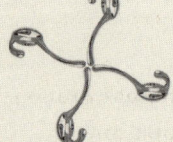  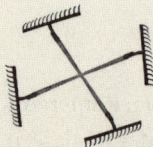

Und noch ein Hinweis an Kamerad Maik: Bevor du lauthals grüßend vor jeder Rune strammstehst, die du am Wegesrand entdeckst, geh noch mal sicher, ob die wirklich von uns ist. Hier ein kleiner Überblick, mit dem dir die peinliche Szene an dem verschneiten Acker letzten Sonntag vielleicht erspart geblieben wäre:

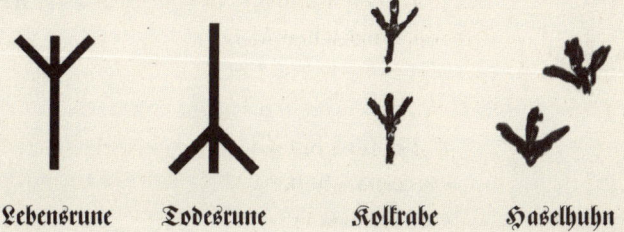

Lebensrune   Todesrune   Kolkrabe   Haselhuhn

Und zu guter Letzt noch ein Missverständnis, das durch einen Tippfehler meinerseits entstanden ist. In meinem elektronischen Rundbrief mit dem Inhalt «Kameraden! Am Sonntag ist NAZIAUFMARSCH angesagt!» haben sich anscheinend in der Eile einige falsche Leerzeichen eingeschmuggelt.

Naziaufmarsch

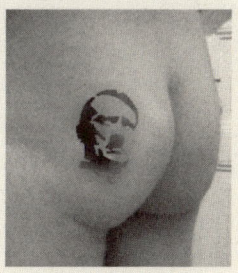

Nazi aufm arsch

Sorry, Kamerad Rudolf! Vielleicht kannst du dir das Tattoo ja wieder weglasern lassen. (Aber schöner Po, trotzdem.)

Tja. Ein schöner Po, ein noch schönerer Rundbrief. Jawohl, ich bin der kluge Kopf der Partei, so viel steht schon mal fest. Trotz Dellwarzen sitze ich zufrieden bei Ronny auf dem Sofa, denke an meine Verdienste für unser Volk und trinke noch ein arisch überlegenes Dosenbier, als plötzlich etwas Unerwartetes passiert. Mein Gehirn fängt an zu brummen, und mit einem Schlag wird mir klar, was für 𝔙𝔢𝔯𝔩𝔦𝔢𝔯𝔢𝔯, sorry, was für Loser wir sind. Warum versuche ich nicht, meinen Hauptschulabschluss zu machen oder wenigstens eine Ausbildung? Warum versuche ich nicht, persönlich etwas zu leisten, sondern suche mein Selbstwertgefühl in der Zugehörigkeit zu einer großen Masse? Warum muss ich andere abwerten, um mich selber stark zu fühlen? Warum habe ich keine Freundin?

Und gerade als ich die relativ einfache Antwort auf all diese Fragen gefunden habe, macht es

und ich saß wieder bei Lotti Schwerdtfeger im Behandlungszimmer. Gerade nahm Lotti mir den Helm des neuronalen Cerebralregulators ab.

«Wie geht es Ihnen?», erkundigte sie sich besorgt.

«Mehr schlecht als rechts», antwortete ich benommen. Ich war mir immer noch nicht sicher, ob mein Gehirn aus der ganzen Sache heil, äh, unbeschadet herausgekommen war.

«Bin ich noch ein Nazi, Frau Doktor?», fragte ich Lotti.

«Kommt drauf an», meinte sie vorsichtig. «Würden Sie sagen, Freiheit ist immer die Freiheit des Andersdenkenden?»

«Na ja, irgendwie schon.»

«Puh!»

Mit einem Seufzer der Erleichterung fiel mir Lotti um den Hals.

«Hab ich doch gesagt», rief sie triumphierend. «Die Maschine bot sich Bruder Anselmus sofort zum Austausch gegen die Geiseln an und lebt jetzt, soweit ich weiß, mit dem Geiselnehmer irgendwo auf Acapulco.

Jedenfalls bekamen wir wenig später einen neuen Abt, der kurz vor seiner Fortbildung zum Klostervorsteher noch Ausbilder bei der Bundeswehr gewesen war: Björn «Arschtritt» Lindgren. Er schrie uns ständig an («Ich kann den Namen Ignatius nicht ausstehen! Ab jetzt heißen Sie Bruder Schneewittchen, ist das klar?») und scheuchte uns herum («Runter auf die Knie! Zwanzig Vaterunser, aber zack, zack!»). Und morgens wurde gesungen – aber keine Kirchenlieder. Hier ein Beispiel. Kennt ihr den Film «Full Metal Jacket»? Genau so klang es.

(Ausbilder:) Ihr be- tet morgens schon um vier …

(Mönche:) … ge- nau des-halb sind wir ja hier!

Ausbilder: Ihr lebt hier im Zölibat …
Mönche: … im Frühling ist das ziemlich hart!
Ausbilder: Ich glaub, dass ihr hier Frauen braucht …
Mönche: … Klosterschüler gehen auch!

Auf die Dauer war mir das jedenfalls zu martialisch, und ich entsagte meinem Leben als Mönch.

Nach meiner Zeit im Kloster wurde ich Unterdomkaplan-Sonderaushilfsassistent und saß als Aushilfskardinal in demderdem Konklave, derdiedas den Papst wählen sollte und von demderdem man immer nicht weiß, ob es der, die oder das ist. (Obwohl, ich hab noch mal nachgeschlagen, und richtig ist: Die, die die Konklave oder der Konklave sagen, irren sich. Es heißt das Konklave.)

Das Konklave fand im Petersdom in Rom statt. Als sich alle Wahlberechtigten, das heißt hundertneunzehn Kardinäle und ich, eingefunden hatten, ging es los. Die Sixtinische Kapelle spielte noch schnell einen Tusch, und dann wurde beraten, wer das neue Oberhaupt der katholischen Kirche werden sollte. Die beiden aussichtsreichsten Kandidaten waren ein konservativer Hardliner mit wenig Verständnis für ökumenische Bestrebungen – und ein konservativer Hardliner mit *gar keinem* Verständnis für ökumenische Bestrebungen. Eine schwierige Entscheidung, die manche Kardinalsstirn dreifaltig werden ließ.

Zum Glück lockerte Kardinal «Ratzi» Ratzinger das Konklave immer wieder durch Anekdoten aus seiner Zeit bei der Inquisition auf. Wie er zum Beispiel die katholische Kirche aus der Schwangerenkonfliktberatung zurückgezogen hatte, und zwar gegen die Mehrheitsmeinung der deutschen Bischöfe – ein Teufelskerl, der Ratzi. Und er wusste immer die lustigsten Rätsel. Zum Beispiel das hier: «Vorne rein, hinten rein – so liebt's der Kardinal.»

Na, welches Wort ist hier gesucht? Übrigens, wer jetzt an irgendwelchen schmutzigen Schweinkram denkt, sollte lieber mal schnell vierzig Vaterunser beten, um gedanklich wieder rein zu werden. Das «rein», um das es hier geht, ist nämlich das aus der Waschmittelwerbung, also «sauber, unverdorben, pur». Und die Lösung ist die Farbe der Amtstracht eines Kardinals: «Purpur», also vorne pur und hinten pur. Witzig, nicht? Aber macht erst mal eure vierzig Vaterunser zu Ende, ich warte so lange.

Fertig? Okay. Die Purpurkardinäle und ich saßen also im Konklave und berieten, welcher alte, zölibatäre Herr wohl am besten über das soziale, spirituelle und sexuelle Leben von knapp 1,2 Milliarden Menschen bestimmen sollte. Vor dem Petersdom wartete eine große Menschenmenge gespannt auf das Ergebnis der Papstwahl, das traditionell durch aufsteigenden Rauch bekannt gegeben wird. Entscheidend dabei ist die Farbe. Weißer Rauch: Wir haben einen Papst. Schwarzer Rauch: Wir haben einen Papst aus Afrika. Wer die Hierarchie und Traditionen der katholischen Kirche kennt, weiß, dass bei schwarzem Rauch die Abstimmung so lange wiederholt wird, bis er weiß ist.

Bei der Auszählung der Stimmzettel ist dann leider etwas schief gelaufen. Irgendein Fotograf hatte es geschafft, mich durch ein Fenster im dritten Stock beim Auszählen zu fotografieren, und mein lauter lateinischer Ruf «Paparazzi est!» wurde dann als «Papa Ratzi est!» wie ein Lauffeuer durch die Gänge und Säle des Petersdoms getragen. Und noch bevor ich das Missverständnis aufklären konnte, war Ratzi tatsächlich Papa, äh, Papst. Während die anderen Kardinäle Ratzi hochleben ließen, verbrannte ich schnell die Stimmzettel, und schöner, weißer Rauch stieg aus dem Schornstein in den Himmel.

Das Pontifikat Benedikts XVI., so nannte sich Ratzi als Papst, verlief übrigens göttlich. Fehlerfrei, makellos, perfekt, mit einem Wort: vorne rein, hinten rein. Aber es kann der Frömmste nicht in Frieden leben, wenn es Nachbars Lumpi nicht gefällt. Immer wieder versuchten missgünstige ~~Ketzer und Heiden~~ Journalisten und Andersgläubige, den Heiligen Vater in ein schlechtes Licht zu rücken. Nur ein Beispiel: Bei der Eröffnung der lateinamerikanischen Bischofskonferenz in Brasilien am 13. Mai 2007 stellte Benedikt klar: Die Christianisierung Lateinamerikas war kein Aufzwingen einer fremden Kultur, sondern war von den Ureinwohnern unbewusst herbeigesehnt worden. Repräsentanten der Indios protestierten gegen diese Art der Geschichtsdeutung, was mich umso mehr verwunderte, da die Indios sich doch bestimmt den Papstbesuch unbewusst am meisten herbeigesehnt hatten. Der Präsident Venezuelas, Hugo Chávez, sprach sogar von Leugnung eines Völkermordes, aber unbewusst sehnte er sich wahrscheinlich nur danach, international isoliert zu werden.

Ansonsten blieb Benedikt bei bewährten Grundsätzen wie **Schwule und Priester dürfen nicht heiraten.** Äh, Moment, das formuliere ich noch mal differenzierter, sonst führt das vielleicht zu Missverständnissen. Also: **Schwule dürfen keine anderen Schwulen heiraten** (wenn es sein muss, dürfen Schwule nämlich durchaus mal eine Frau heiraten), und **Priester dürfen keine Frauen heiraten.** Genau. Äh, **und auch keine Männer.** Also insofern stimmt es natürlich, dass Schwule keine Priester heiraten dürfen, falls jemand das am Anfang so verstanden hat, aber an so was wollte ich eigentlich gar nicht erst denken, dass ein Priester da mit einem anderen Mann irgendwelche … Oje, ich glaub, ich muss schnell mal vierzig Vaterunser beten. Bin gleich wieder da.

So. Wo war ich stehen geblieben? Ach ja, bewährte Grundsätze, an denen Benedikt festhielt. Ein weiterer lautete: **Frauen dürfen nicht Priester werden.** Und dafür sollten die Frauen eigentlich dankbar sein, denn wer eben aufgepasst hat, wird bemerken, dass die Frauen als Priester dann ja nicht mehr heiraten dürften – noch nicht mal einen Schwulen.

Auf einem Flug nach Kamerun am 17. März 2009 bekräftigte Benedikt dann noch einen bewährten Grundsatz zum Thema Aids in Afrika: **Kondome würden das Problem nur vergrößern.** Und dass da unten bei den Afrikanern irgendwas *noch* größer wird, das wollen wir ja nun alle nicht, oder? Gott verhüte, äh, behüte!

Übrigens begegnete ich Benedikt XVI. noch einmal persönlich. Es war im August 2006, und ich war gerade als Fachberater mit einem Fernsehteam unterwegs, das im Vatikan eine Folge der katholischen Erziehungs-Doku-Soap «Supernonny» drehte. Das Team hatte gemeint, im Vatikan brauche man keine Drehgenehmigung, aber da war wohl eher der Wunsch Pater des Gedankens. Jedenfalls mussten wir dieses Versäumnis bald büßen. Unsere Hauptdarstellerin, Schwester Bonifatia, hatte gerade einen unartigen Erzbischof auf die «stille Treppe» geschickt, als uns die Schweizer Garde verhaftete und vor den Papstthron schleifte.

«Johannes!», rief der Papst überrascht.

«Ratzi! Äh, Heiliger Vater!», erwiderte ich. Und nachdem wir das Fernsehteam den Kollegen von der Inquisition übergeben hatten, feierten wir ein fröhliches Wiedersehen, in dessen Verlauf ich irgendwann auf unsere Heimat zu sprechen kam.

«Die Gläubigen in Deutschland dürstet es nach einem Papstbesuch!», erklärte ich ihm. «Wann könntet Ihr denn mal, Heiliger Vater?» Er lachte. «Vati kan immer», antwortete er. «Wie wäre es denn gleich nächsten Monat?»

Ein paar Telefonate und Hotelreservierungen später stand dann fest: Der Papst besucht Deutschland. Na gut, Süddeutschland. München, Altötting, Regensburg. Katholischer Süden vom Allerfeinsten. Heimspiel. Norddeutschland ließ der Heilige Vater einfach links bzw. oben liegen. Eine weise Entscheidung. Da wohnen eh nur Protestanten, die halten nichts vom Papst, für die ist eher Martin Luther der King. Auch in Marktl, dem Geburtsort des Heiligen Vaters, hatte ich mich deshalb weniger auf ökumenische als auf ökonomische Schwerpunkte konzentriert. Ich sage mal ganz unbescheiden: Die Vermarktlung des Papstbesuches war wirklich gut organisiert. Fähnchen, T-Shirts («Der Papst war in Deutschland, und alles, was er mir mitbrachte, war dieses T-Shirt»), Papstbier, Marzipan-Mitra, Benedikt-Schnitte mit Fettglasur – durch professionelles Marktlting konnte ich meine Schäfchen gut ins Trockene bringen. Es gelang mir sogar, die Atheisten als Käufergruppe durch freche T-Shirts («Ich mach 3 Kreuze, wenn der Papst wieder weg ist») zu erreichen.

Seitdem kursiert in der Werbebranche ein Bonmot, das vielleicht etwas übertrieben, aber doch sehr schmeichelhaft für mich ist: «Viele vergleichen Johannes Schlüter mit Gott. Aber man kann Johannes Schlüter nicht mit Gott vergleichen. Okay, er ist genial, vielseitig und macht seine Sache wirklich gut, aber er ist halt nicht Johannes Schlüter.»

Witzig, was? So witzig, dass ich mir den Spruch sogar auf meine

Visitenkarte drucken ließ. Leider wurde ich kurz darauf wegen Blasphemie exkommuniziert, aber das renkt sich schon wieder ein. Ich hab ja Beziehungen nach ganz oben.

JOHANNES PAUL SCHLÜTERS TOP 5: DIE GRÖSSTEN KONKLAVE-HITS

1.	*Papa was a Rolling Stone*
2.	*Hostie! Hostie! Fiesta, Fiesta Vaticana*
3.	*Und es war Sommer (Ich war 16 und er 51)*
4.	*Itsy-bitsy teenie-weenie Honolulu Ministrant-Bikini*
5.	*No woman, no cry*

Das war 𝕸𝖊𝖎𝖓 𝕷𝖊𝖇𝖊𝖓 𝖎𝖒 𝕯𝖎𝖊𝖓𝖘𝖙𝖊 𝖉𝖊𝖗 𝖐𝖆𝖙𝖍𝖔𝖑𝖎𝖘𝖈𝖍𝖊𝖓 𝕶𝖎𝖗𝖈𝖍𝖊. Ich hatte zahlreiche Heiligenbilder, Ikonen und kirchliche Szenen auf den Malblock gepinselt, die meine Therapeutin Lotti Schwerdtfeger fassungslos betrachtete. Dann begann mein Stift zu stocken, meine Zeichnungen wurden weniger filigran, und allmählich wurde mir wieder säkular zumute. Aber weil ich schon mal am Zeichnen war, brachte ich noch ein paar Bilder zum Thema «Religion» zu Papier, damit Lotti noch was zum Schmunzeln hatte:

Eisdiele in der Hölle

Platz für Novizen

Und als ich fertig war, fragte ich Winnetou, der die ganze Zeit interessiert zugesehen hatte: «Na, wie fändest du so ein Leben als Mönch?»

«Der kontemplative Aspekt daran würde mich schon reizen», antwortete Winnetou, «aber ein streng monastisches Leben wäre mir auf die Dauer doch zu monoton.» – «Verdammt noch mal, du fluchst ja gar nicht mehr!», freute ich mich.

«Aber du, Bruder Johannes!», sagte er. «Dreißig Vaterunser, aber zack, zack!»

Komme, was da 100% Schurwolle

Meine Therapeutin Lotti Schwerdtfeger meinte übrigens einmal, das deutlichste Symptom für meine Persönlichkeitsspaltung seien meine diversen politischen Tätigkeiten für Parteien, die zutiefst miteinander verfeindet sind. Wer gleichzeitig für CDU/CSU, SPD, FDP und die Grünen tätig sei, müsse schon irgendwie bekloppt sein, pardon, *dissoziativ identitätsgestört*. Aber das glaube ich nicht. **Ich auch nicht. Und ich schon gar nicht.** Nehmen wir zum Beispiel meine jahrzehntelange Arbeit bei den Grünen. «Joschkas Kumpel» hat man mich genannt. «Grünes Urgestein». Aber die Dinge sind nicht so, wie sie scheinen in der grünen Hölle. Hier ist der Bericht, den ich für Lotti geschrieben habe – über

Mein Leben bei den Grünen

Ich bin jetzt schon über dreißig Jahre Mitglied bei den Grünen. Aber die Partei macht mich fertig. Als ich die Grünen 1980 gründete, wollte ich eigentlich nur die Welt retten, aber das Ganze ist mir dann irgendwie über den Kopf gewachsen.

Klingt süß, oder? «Die Welt retten.» Voll gutmenschenmäßig. Aber lassen Sie mich zunächst eines klarstellen: Ich bin weder grün noch links. Ich bin ein ganz normaler erzkonservativer Neoliberalist wie jeder andere auch. Ich bin den Roten nicht grün, und bei den Grünen seh ich rot. Ich habe damals «Die Grünen» nur deshalb ins Leben gerufen, um diese ganzen friedensbewegt-sozialistischen Ökolatzhosen ein für allemal kaltzustellen. So. Jetzt ist es raus. Tut irgendwie gut, mal die Wahrheit zu sagen. Sie unterliegen doch der ärztlichen Schweigepflicht, liebe Lotti Schwerdtfeger, oder? Gut. Das hier muss nämlich unter uns bleiben, sonst krieg ich Ärger mit meinen Auftraggebern. Wer die sind? Ach, nur ein paar ganz normale erzkonservative Neoliberale wie du und ich, bloß mit etwas mehr Geld und ein paar Regierungsämtern mehr. Und mit denen zusammen habe ich damals den «Grünen Plan» entwickelt.

Es war irgendwann in den Siebzigern. Die Revolution der 68er mit anschließender Einführung des Sozialismus war zwar mangels Beteiligung vorläufig abgesagt worden, aber es gab immer noch jede Menge linker Wirrköpfe, die mit unausgegorenen Ideen Unruhe verbreiteten. Als dann auch noch einige von denen anfingen, Bomben zu basteln und Amok zu laufen, mussten wir handeln – um die Welt vor dem Kommunismus zu retten. Und da hatte ich die Idee, zwei Fliegen mit einer Klappe zu schlagen: Warum nicht die linken Spinner mit den ganzen Ökotrotteln zusammensperren, die gerade überall aus dem Boden schossen? Kein Atomkraftwerk hier, Krötenwanderung da, Autos sind laut und stinken und was da nicht noch alles rumlief. Alles, was wir tun mussten, war, eine

Partei ins Leben zu rufen, die sich in endlosen Diskussionen und erbitterten Flügelkämpfen selbst blockierte. Wir gründeten also die Partei «Die Grünen» und schickten Beitrittseinladungen an alle, die wir loswerden wollten. Und es funktionierte. Sie kamen. Alle. Die Weltverbesserer. Die verkniffenen Kommunisten aus den K-Gruppen. Die Ökobauern. Die Friedensbewegten. Ein CDU-Politiker mit einem Gewissen. Sogar Rudi Dutschke war dabei. Sie alle pferchten wir zusammen unter dem Wahlspruch «ökologisch, sozial, basisdemokratisch, gewaltfrei». Ich übersetze mal kurz:

ökologisch	sozial	basisdemokratisch	gewaltfrei
Umwelt-schützer	und Linke	diskutieren den ganzen Tag miteinander	anstatt ernsthaft Ärger zu machen

Und tatsächlich: die Grünen diskutierten, bis der Hausmeister das Licht ausmachte. Da wurde abgewogen, relativiert, zugestimmt, darauf hingewiesen, zusammengefasst, argumentiert, widersprochen und beantragt, dass es mir persönlich manchmal schwerfiel, gewaltfrei zu bleiben.

Besonders stolz war ich auf meine Ökosozialisten und Radikalökologen, die ich davon überzeugte, dass man nur durch *Fundamentalopposition* auf einen grünen Zweig kommen konnte – deswegen wurden diese kleinen Racker von den anderen auch liebevoll «Fundis» genannt. Sie lehnten Regierungsbeteiligungen jeder Art ab und waren damit ziemlich genau auf einer Linie mit CDU/CSU und FDP, die ebenfalls der Ansicht waren, die Grünen hätten in der Regierung nichts zu suchen.

Als sich die Fundis an der Parteispitze durchsetzten, hatten sich die Grünen politisch quasi selbst kastriert – meine Auftraggeber waren mehr als zufrieden. Apropos kastrieren: Auch gegen die reale, biologische Fortpflanzung der Grünen mussten Maßnahmen ergriffen werden. Auf keinen Fall sollte alle neun Monate nach einem Parteitag ein neuer, windeltragender Grüner Kreisverband gegründet werden, nicht wahr? Ich machte also bei den Grünen tüchtig Werbung für die Antibabypille. Aber dann ich hatte noch eine bessere Idee: Männlein und Weiblein mussten einfach so unattraktiv sein, dass jeder Gedanke an Fortpflanzung im Sojakeim erstickt wurde. Ich setzte einen strikten Dresscode durch: Vollbart, Birkenstocksandalen und Latzhose für die Männer, dicke Brille, lila Halstuch und Hennahaare für die Frauen. In puncto Körperpflege galt: «Seife sparen heißt Umwelt schützen!» Und die empfängnisverhütende Wirkung von Müsli, Yogitee und stundenlangen Diskussionen ist ja allgemein bekannt.

Um die Grünen durch natürliche Auslese weiter zu dezimieren, gab ich außerdem die Parole «Fahrrad statt Auto» aus. Sie wissen ja: Mit dem Fahrrad im dichten Berufsverkehr braucht man Nerven wie Drahtesel, und eine grüne Ampel ersetzt noch lange keine Knautschzone.

Der «Grüne Plan» sah vor, dass sich unser Problem je nach Verkehrsaufkommen (Auto- ja, Geschlechts- nein) spätestens in vierzig Jahren auf demographischem Wege von selbst lösen würde. Doch bis dahin galt es, die Grünen politisch ruhigzustellen. Und das gelang anfangs erstaunlich gut. Die Fundis dominierten mit meiner Unterstützung jahrelang den Vorstand der Grünen und traten jeden Plan einer Regierungsbeteiligung ganz basisdemokratisch in die grüne Tonne. Und ich musste sie nicht einmal dazu zwingen! Der Vorteil daran, Fundi zu sein, lag ja auch auf der Hand: je radikaler die ökologischen und pazifistischen Forderungen, desto geringer die Wahrscheinlichkeit, wirklich etwas davon umsetzen zu müssen. So behielt man ideologisch eine weiße Weste und wusste immer alles besser.

Nachdem ich alles ins Laufen gebracht hatte, schaute ich nur noch alle paar Monate bei den Grünen vorbei, überzeugte mich von der unveränderten Nichtumsetzbarkeit ihrer programmatischen

Forderungen und ging wieder nach Hause. Manchmal machte ich mir einen Spaß daraus, ein bisschen mitzudiskutieren, um zusätzliche Verwirrung zu stiften. Wie zum Beispiel auf der Regionalkonferenz zum Thema Wohngifte, wo ich so lange versuchte, den letzten Tagesordnungspunkt «Asbest» vorzuziehen, bis die wiederholten Ordnungsrufe des Diskussionsleiters zum geflügelten Wort geworden waren: «Johannes! Asbeste kommt zum Schluss!»

Ein anderes Mal brachte ich einen ausländischen Gastredner mit, der beim Thema «Tempolimit» für Missverständnisse sorgte. «In Zukunft müssen alle Autos Lichtgeschwindigkeit einhalten», forderte er. «Aber meine Ente schafft nur neunzig km / h!», wandte ein langhaariger Vollbart mit Latzhose ein. «Wie soll ich denn da Lichtgeschwindigkeit …» – «Na ja, wenn der Citroën 2 CV richtig eingestellt ist, kommt der schon auf hundertdreizehn Sachen!», erwiderte ein anderer langhaariger Vollbart mit Latzhose. «Wenn du da die Vergaserbedüsung optimierst …» Und im Nu war unter den männlichen Abgeordneten, die «Fahrrad statt Auto» nicht ganz so dogmatisch sahen, die schönste Motortuning-Diskussion im Gange. Eine Ente auf Lichtgeschwindigkeit zu bringen – das war genau die Art utopischer, nicht umsetzbarer Forderung, die die Grünen liebten. Die Fahrradfahrer hörten neidisch zu, die Frauen verdrehten die Augen, und bevor klar wurde, dass der Gastredner Chinese war und «Richtgeschwindigkeit» gemeint hatte, war man mit der Tagesordnung schon so weit im Verzug, dass keine Schlusserklärung mehr formuliert werden konnte.

Aber auch ohne meine Mithilfe verliefen die grünen Zusammenkünfte himmelschreiend ineffizient. Das Verrückte dabei: Die Grünen waren trotzdem irgendwie stolz auf ihre «alternative und lebendige Diskussionskultur».

Nur ab und zu musste ich ein paar besonders enthusiastische Grünschnäbel davon abhalten, zu pragmatisch zu werden. Wie zum Beispiel Tillmann und Frauke aus der Bad Dürrheimer Bürgerinitiative «Rettet die Wale, Delphine, Ringelrobben, Elefanten,

Tiger, Kragenbären, Gorillas, Gartenspitzmäuse und Bergbachmolche e.V.», die sie später in «Rettet die Tiere e.V.» umbenannten.

Tillmann machte irgendwie den Eindruck, als hätte Frauke ihn aus unbehandelter Schurwolle selbst gestrickt, und Frauke sah aus wie eine Eule auf Speed. Wo immer die beiden auftauchten, lag ein Hauch von Kirchentag in der Luft, und ein bisschen roch es nach Kelly Family. Die beiden waren Straßenmusiker und versuchten, ihr Hauptanliegen, nämlich den Tierschutz, mit Hilfe einer verstimmten Gitarre und eines beherzt, aber völlig unrhythmisch geschlagenen Tamburins unters Volk zu bringen. Anfangs ließen sie danach den Hut rumgehen, aber als die ersten Passanten begannen, sich Schmerzensgeld aus dem Hut zu nehmen, hörten Tillmann und Frauke wieder damit auf.

1982 traf ich die beiden auf einem Parteitag. Ich hatte gerade mit führenden Grünen gesprochen und mich von der unveränderten Nichtumsetzbarkeit ihrer programmatischen Forderungen überzeugt, da schnitt Fraukes Stimme durch die muffige Parteitagsluft wie ein Gemüsemesser durch Tofu. «*Johaaaaaaaaanneeeees! Warte mal!*» Wie ein lila Schneepflug bahnte sich Frauke den Weg durch die zahlreichen Vollbärte, Hennafrisuren und Doppelnamen. Ich blieb stehen, setzte mein «Mensch, Frauke! Na, du?»-Gesicht auf und begrüßte sie. «Mensch, Frauke! Na, du? Wie geht's dir? Alles im grünen Bereich?» Frauke griff in eine Menschentraube und zog ein verfilztes Bündel hervor, das sie neben sich stellte. Es war Tillmann. «*Du, Johannes*», sagte sie, «*der Tillmann und ich, wir haben uns gedacht, wir lassen uns in Villingen-Schwenningen in den Stadtrat wählen, dann könnten wir dann zusammen mit der SPD ein neues Tierschutzgesetz verabschieden. Oder, Tillmann?*» Tilmann räusperte sich. «Ja, eine konstruktive politische …» – «*Immer Opposition ist doch Kacke!*», brachte es Frauke auf den Punkt. «*Wir wollen endlich mitregieren! Selber Gesetze zum Schutz* der Tiere machen! Was sagst du, Johannes? Bist du dabei?» Oha. Alarmstufe Rot-Grün, dachte ich bei mir. Wenn die beiden in Villingen-Schwenningen Erfolg haben, sitzen bald überall rot-grüne Koalitionen in den Rathäusern. Ich setzte mein «Dufte Idee, Frauke, aber andererseits»-Gesicht auf und sagte: «Dufte Idee, Frauke, aber andererseits ist das doch genau das, was die Kapitalisten wollen. Wenn du dich in den Stadtrat wählen lässt, um Herrschaft auszuüben, dann bestätigst du ja damit die Legitimität dieses ganzen menschen- und tierfeindlichen Systems, ne? Anstatt dich im politischen Klein-Klein aufzureiben, solltest du den Tieren lieber konkret vor Ort helfen. Siehst du das nicht auch so, Tillmann?» Tillmann räusperte sich. «Na ja, aber eine konstruktive …» – *«Das könnte den Kapitalisten so passen, dass wir bei deren schmutzigen Regierungsgeschäften mitmachen!»*, quäkte Frauke. Dann wandte sie sich fragend an mich. *«Aber wie sollen wir denn die Tiere vor Ort schützen? Die Tiere sind irgendwo am Arsch der Welt, und wir sind in Bad Dürrheim!»* – «Keine Sorge, so weit ist das gar nicht entfernt», sagte ich beruhigend. «Am besten fliegt ihr gleich nach Kamerun, da habe ich letzten Monat eine Auffangstation für drogensüchtige Robbenbabys aufgebaut.» Ich steckte Frauke das Geld für die Flugtickets in die Jutetasche und sah sie bedeutungsvoll an. «Ohne eure Hilfe haben die legasthenischen Gnus da unten keine Chance. Jetzt kommt es auf euch an – auf eure Kraft, eure Kreativität und vor allem: auf eure Liebe. Oder wollt ihr die armen Pandas mit ihrer Bambusallergie alleinlassen?» – «Nein, aber …», setzte Tilmann an. *«Auf nach Kamerun, Tillmann!»*, rief Frauke. *«Die Tiere brauchen uns!»* – «Na also», sagte ich, umarmte die beiden und geleitete sie zum Ausgang. «Na dann, guten Flug!»

So, die beiden war ich erst mal los. Aber in den folgenden Jahren tauchte eine Gruppierung innerhalb der Grünen auf, die mir das Leben immer schwerer machte: die Realpolitiker, kurz «Realos».

Skrupellose Machtmenschen, die nicht davor zurückschreckten, parlamentarische Mehrheiten zu bilden und, ja, man muss es so deutlich sagen: zu regieren.

Anfangs unterstützte ich hier und da die vereinzelt auftretenden Realpolitiker. Sie waren so niedlich in ihrem Bemühen, Politik aktiv zu gestalten, ohne dafür von den Fundis gleich grün und blau diskutiert zu werden. Außerdem hätten die Fundis ohne die Realos viel zu viel Zeit gehabt, sich mit konkreten politischen Inhalten auseinanderzusetzen.

Mit den Jahren wuchs die Macht der Realos. Einer von ihnen schien besonders gefährlich. Er war zwar noch grün hinter den Ohren, hatte es aber gleichzeitig faustdick dahinter: Joschka Fischer. Schule abgebrochen, Ausbildung abgebrochen, Studium abgebrochen, und bei seinen Straßenkämpfen mit der Polizei war auch nicht immer alles heil geblieben. Aber das war halt genau die Sorte gefährlicher linker Aktivisten, die laut unserem übergeordneten «Grünen Plan» kaltgestellt werden sollten. Um ein Auge auf ihn haben zu können, ließ ich ihn einige Jahre in meiner Frankfurter WG wohnen.

Zunächst belebte Joschka die parteiinternen Diskussionen, was mir und meinen Auftraggebern nur recht sein konnte. Der erstarkte Realo-Flügel gab den Fundis ordentlich Kontra, und beide Gruppierungen kriegten sich in die Wolle, dass es eine Freude war. Anstatt über inhaltliche Positionen zu diskutieren, beschimpften sie sich lieber als Starrköpfe, Verräter oder weltfremde Spinner. Ein Wille zur Zusammenarbeit war nicht mehr erkennbar, die Partei versank im Chaos – grüner wird's nicht, dachten wir.

Doch immer wieder entglitt mir die Kontrolle über mein grünes Projekt.

Es muss im Dezember 1985 gewesen sein. Ich war gerade fieberhaft damit beschäftigt, Joschkas bevorstehende Vereidigung zum hessischen Umweltminister zu verhindern, indem ich alle seine Schuhe versteckte. Gerade hatte ich seine schicken Halbschuhe und die Winterstiefel in den Gefrierschrank gestopft, als das Telefon klingelte. Genervt lief ich in den Flur und nahm den «Hörer» ab. (Anmerkung für alle jungen Leser: Damals gab es noch keine Handys. Krass, aber wahr. Telefone bestanden aus einem klobigen Gerät mit Wählscheibe, das durch eine Kordel mit einem sogenannten Hörer verbunden war. Fragt eure Großeltern, wenn ihr mir nicht glaubt.) «Schlüter?», meldete ich mich, und sofort kreischte eine schrille Stimme in mein unvorbereitetes Ohr. *«Johannes? Bist du das? Hier sind Tillmann und Frauke! Tillmann, sag doch auch mal was!»* – «Ja, hallo, wir …», setzte Tillmann trantütig an. *«Du sagst es, Tillmann!»*, stimmte Frauke ihm zu. *«Dein Vorschlag mit Kamerun war wirklich das Beste, was uns je passiert ist, Johannes! Dein Lazarett für Elefanten mit Laktoseintoleranz mussten wir leider schließen, aber dafür haben wir ein Zebra-Lepra-Hospital gegründet!»* – «Ja, das ist ja auch eigentlich dasselbe in Grün», seufzte ich, ließ nebenbei rasch Joschkas Sandalen hinter einem Bücherregal verschwinden und schnappte mir sein letztes Paar – es waren weiße Turnschuhe –, um sie aus dem Fenster zu werfen. «Aber hör mal, Frauke», fuhr ich fort, «ich bin grade ein bisschen in Eile, und …» In diesem Augenblick kam Joschka aus seinem Zimmer, und ich stellte die weißen Turnschuhe blitzschnell wieder hin. Frauke fuhr unbeirrt fort: *«Vor allem wie wir die farbenblinden Meeresschildkröten aus den Treibnetzen befreit haben! Wahnsinn! Oder, Tillmann?»* – «Ja, das war …», begann Tillmann. *«Du sagst es!»*, fiel Frauke ein. *«Pass mal auf, Johannes! Das fing alles damit an, dass sie den Tillmann in Tansania verhaftet haben …»*

Und während mir in voller Länge erzählt wurde, wie Tillmann und Frauke eine ganze Horde inkontinenter Gorillas aufgepäppelt und wieder ausgewildert hatten, musste ich mit ansehen, wie Joschka sich nach kurzem Umhersuchen in aller Seelenruhe seine

Turnschuhe anzog, lässig grüßte und zur Tür hinausging, um sich als hessischer Umweltminister vereidigen zu lassen.

Joschkas Beispiel machte Schule – immer wieder kam es in der Folgezeit zu grünen Regierungsbeteiligungen. Doch meine Fundifreunde und ich hielten dagegen und bekämpften grüne Machtkonzentration in jeder Form. Heldenhaft verteidigten wir die Trennung von Amt und Mandat, durch die ein Grüner, der Minister wurde, automatisch seinen Parlamentssitz verlor. Wie die Löwen kämpften wir für das Rotationsprinzip, das jeden grünen Bundestagsabgeordneten dazu verpflichtete, seinen Sitz im Parlament nach zwei Jahren an einen Nachrücker abzugeben, der dann den Rest der Legislaturperiode damit verbringen konnte, sich einzuarbeiten.

Mein größter Erfolg fiel in das Jahr 1990. Die Bundestagswahl am 2. Dezember stand ganz im Zeichen der deutschen Wiedervereinigung, die am 3. Oktober erfolgt war. Die deutschen Parteien wetteiferten darum, das schlüssigste Konzept zur Gestaltung des Vereinigungsprozesses vorzulegen, die mitreißendste Vision zu präsentieren oder einfach dem Wähler das Blaue vom Himmel zu versprechen – wie zum Beispiel der spätere Wahlsieger. Ich hatte mich vorsorglich in die Arbeitsgruppe «Wahlkampfslogan» wählen lassen, und hier schlug meine große Stunde. Ich präsentierte einen desinteressierten Antislogan, der die aktuellen politischen Ereignisse schlicht ignorierte: «Alle reden von Deutschland, wir reden vom Wetter. Die Grünen.» Ich bekam grünes Licht, und die Grünen scheiterten mit Pauken und Trompeten an der Fünf-Prozent-Hürde. Triumph! Der «Grüne Plan» war beinahe vollendet; die Grünen schienen kurz davor zu sein, in der Versenkung zu verschwinden. Doch leider überschlugen sich jetzt die Ereignisse. Eine ganze Reihe prominenter Fundis verließ die Partei, und die Realos setzten sich durch. Ein Wahlerfolg reihte sich an den nächsten, und vor meinen Augen mutierten die Grünen von der Negierungs- zur Regierungspartei. Allen voran mein Ex-Mitbewohner Joschka, der schließlich 1998 Außenminister und Vizekanzler einer rot-grünen Regierung unter Bundeskanzler Gerhard Schröder wurde. Die Grünen wirkten zeitweise wie eine funktionierende Regierungspartei. Es war furchtbar. Noch nicht einmal der Anruf von Tillmann und Frauke konnte mich aufheitern. (*«Hallo, Johannes, sag mal, der Joschka ist ja jetzt Außenminister. Haben wir das Rotationsprinzip eigentlich noch? Müssen der Tillmann und ich jetzt auch irgendwann Außenminister werden oder was? Das passt nämlich grad gar nicht, unsere asthmatischen Waldbüffel müssen nämlich jeden Tag inhalieren, gell?»*)

Wie konnte es so weit kommen? Im Grunde genommen war ja alles ganz einfach gewesen: Fahrrad statt Auto, Windenergie statt Atomkraft, Wollpullover statt Krieg. Aber irgendwas musste mit der Kommunikation schiefgelaufen sein, denn jetzt stand auf einmal Joschka Fischer auf dem Podium und trug anstelle eines Wollpullovers die Verantwortung dafür, dass Deutschland zum ersten Mal seit 1945 wieder Krieg führte. Ja! Die Grünen führten Krieg! Rot-Grün war an der Regierung, und deutsche Soldaten halfen mit, Serbien zu bombardieren! Meine gewaltfreien Laberlatzhosen! Und da hatte ich die rettende Idee. Wenn die Grünen militärische Außenpolitik können, dann können die anderen Parteien auch Umweltschutz! Der Grüne Plan 2.0 stand fest: Wir mussten den Grünen ihre Themen wegnehmen.

Das war allerdings leichter gesagt als getan. Am grünen Tisch lässt sich so was immer leicht entscheiden, aber der Versuch, CDU / CSU vom Umweltschutz zu überzeugen, fühlte sich manchmal an, als würde man einem Esel das Harfespielen beibringen.

Nur ein Beispiel: Als ich 2002 mit einem CSU-Kanzlerkandidaten, dessen Namen ich jetzt nicht nennen will (damit wäre Edmund bestimmt nicht einverstanden), über den Klimawandel sprach, erkannte ich enormen Nachholbedarf. «Also, Edmund», erklärte ich. «Jedes Mal, wenn du mit Karin in den Urlaub fliegst,

bläst das Flugzeug irre viel CO_2 in die Luft, sodass sich die Erd-
atmosphäre wieder ein kleines Stückchen erwärmt.» – «Weiß ich
doch, Johannes!», beruhigte er mich. «Wenn ich in den Urlaub
fliege, lasse ich deshalb zu Hause immer den Kühlschrank offen,
damit sich das Klima wieder ein bisschen abkühlt.» Ich wollte gerade zu einer grundsätzlichen Erklärung über Kühlschränke anset-
zen, als es plötzlich an der Tür klingelte. Ich entschuldigte mich
bei Edmund, stand auf und öffnete. *«Johannes! Da sind wir
wieder!»* Ach du grüne Neune! Es waren Tillmann und Frauke!
Wie sollte ich denen erklären, dass ich – offiziell ein grünes Urgestein – hier mit dem dunklen Lord der CSU ein vertrauliches
Pläuschchen abhielt? Ich setzte mein «Mensch, Frauke! Na, du?»-
Gesicht auf und wollte gerade «Mensch, Frauke! Na, du?» sagen, als
Tillmanns Blick auf meinen Gast fiel. «He, das ist doch …», fing er
an. *«Du sagst es!»*, rief Frauke. *«Eine ganz große Freude
ist das! Hast du unsere Karte gekriegt, Johannes?
Unser Hilfsprojekt für schwerhörige Delphine hat ja
leider keine EU-Fördermittel gekriegt, deshalb haben wir uns in Kamerun dieses Jahr auf Pottwale
mit Platzangst spezialisiert.»* – «Ja, das ist ja … toll», stotterte ich, «aber ich muss leider mit dem Herrn, äh, Bayerlein von
den Hamburger Grünen hier über die Elbvertiefung sprechen.» –
«Bayerlein?» fragte Tillmann. «Aber das ist doch …» – «… *ein
absolut interessantes Thema, die Elbvertiefung!»*,
ergänzte Frauke. *«Das stört uns überhaupt nicht, wenn
ihr darüber redet. Gell, Herr Bayerlein?»*, rief sie Edmund zu. *«Das mit der Elbvertiefung, das hat ja gra-
vierende Auswirkungen auf die Fische, oder?»* – «Äh,
jaja, gewiss», beeilte sich Edmund Kompetenz zu zeigen. «Durch
die Elbvertiefung passen ja dann viel mehr Fische in die Elbe,
nicht wahr? Sehr umweltfreundlich, ja.» Ich schloss die Augen und
schlug mir die Hand vor die Stirn.

Um es kurz zu machen: Ich gab Tillmann und Frauke meine

gesamten Ersparnisse, nennen wir es mal Schweigegeld, und setzte sie in den nächsten Flieger nach Kamerun. Und wenn sie nicht gestorben sind, therapieren sie noch heute beziehungsgestörte Kaltwasserkorallen. Joschka Fischer vollendete seinen Werdegang vom Frankfurter Straßenkämpfer zur Sülze im Maßanzug, Edmund wurde der Kanzler der Herzen, und seine Nachfolgerin Angela Merkel nahm den Grünen irgendwann die Themen genauso weg, wie ich es geplant hatte. Klimaschutz, erneuerbare Energien, Atomausstieg – bei der CDU / CSU war spätestens nach Fukushima alles im grünen Bereich. Kein Grund also, noch Grün zu wählen, Leute! Hört ihr? Wo soll denn das sonst hinführen? Wollt ihr etwa einen grünen Ministerpräsidenten oder was? Und dann? Eine grüne Kanzlerin? Frauke vielleicht?

Na ja, Kretschmann hin, Künast her – alles in allem bin ich doch optimistisch, dass wir die Grünen irgendwann los sind. Man muss sich nur die folgenden beiden Bestsellerlisten angucken, um zu sehen, welche Themen die Grünen früher beschäftigten – und was heute angesagt ist. Viel Spaß beim Schmökern!

BÜCHER, DIE DIE GRÜNEN FRÜHER GUT FANDEN:

1. *Vom Winterquartier zum Laichgewässer.* Krötenwanderung für Einsteiger. Mit Krötenschutzzaun-Selbstbauanleitung und vielen wichtigen Tipps. Kaulquapp-Verlag, Freiburg i.Br. 1978.

2. *Laich pflastert seinen Weg.* Schockierende und aufrüttelnde Fotos entlang der Krötenwanderrouten im nördlichen Südschwarzwald. Naturbild Verlag, Titisee-Neustadt 1984.

3. *Politiker, kommt endlich aus dem Quaaak!* Ein Comic-Manifest zum Thema Krötenschutz. Laubfrosch-Verlag, Groß Grönau 1979.

4. *Allen Unkenrufen zum Trotz — Krötenwandergeschichten, die Mut machen.* Von Susanne Schmidt-Besenburg. Eigenverlag, Bielefeld 1982.

5. *Krötest Hits — Tolle Wanderlieder für Kröten, Frösche und andere Amphibien.* Mit Texten und Gitarrenakkorden. CD, Musik-Verlag Beate Klampf-Hoffmann, Gütersloh 1981.

7. *Krötenwanderung, Alter! — Geldkreislauf und money flow für coole Kids verständlich erklärt.* CoolKidsVerlag, Hamburg 1992.

BÜCHER, DIE DIE GRÜNEN JETZT GUT FINDEN:

1. *Mach deine Lobby zum Beruf! Umschulung vom Grünen zum Wirtschaftslobbyisten leicht gemacht.* Mit plausiblen Rechtfertigungsgründen und vielen wichtigen Tipps! Seitenwechsel-Verlag, Berlin 2004.

2. Berninger, Matthias: *Dolce Vita — Wie ich dem Umweltschutz einen Schokoriegel vorschob und zu MARS rübermachte.* Zuckerbäcker Verlag, Verden an der Allerbestenlohntütedieichjehatte 2007.

3. Fischer, Joschka: *Doppelmoral hält besser — Meine neue ERWErbstätigkeit bei einem netten Energieriesen.* Wendehals-Verlag, Krümmel 2006.

4. Röstel, Gunda: *Mein EnBWgtes Leben — Wie ich als ehemalige grüne Vorstandssprecherin lernte, mit dem Atomstrom zu schwimmen.* Uranium Verlag, Biblis 2011.

5. Schlauch, Rezzo: *Recht so, Schlauch! — Vom Parteirat in den (EnBW-)Beirat.* Strahlemann-Verlag, Neckar-Westheim 2005.

6. Tritz, Marianne: *Schatz, ich geh nur mal kurz Zigarettenlobby machen — Mein Weg von der Bürgerinitiative Umweltschutz Lüchow-Dannenberg zum Deutschen Zigarettenverband.* Verlag Kippenheuer & Wisch & Weg, Berlin 2008.

7. Wolf, Margareta: *Ich habe mir lange genug einen Wolf ge-umweltschützt, jetzt wird abkassiert! — Mein Schritt zur Öffentlichkeitsarbeiterin für die Kernenergie-Lobby.* Geigerzähler-Verlag, Stade 2007.

Sauber! Mein Leben als ungedopter Tour-de-France-Sieger

(Sitzung ausgefallen. Dieses Leben
gab es nun wirklich nicht.)

Kein Hauen, kein Beißen, keine Atomwaffen!

«Guten Morgen, Herr Schlüter. Tut mir leid, aber …»

«Maaaaaama! Ich will Eis!»

Meine Therapeutin Lotti Schwerdtfeger kam mit zwanzig Minuten Verspätung in ihr Büro, wo ich schon auf sie wartete. Dabei zerrte sie einen etwa dreijährigen Jungen hinter sich her, der sich immer abwechselnd wie ein nasser Sack fallen ließ und dann wieder versuchte, sich ihrem Griff zu entwinden. Lotti kämpfte sich zu einem der Stühle, auf dem sie das Kind erleichtert ablud.

«Das ist mein Sohn Vincent. Vincent, sag Herrn Schlüter guten Tag.»

«Ich will Eis!», quäkte Vincent.

«Ich *möchte bitte* ein Eis», verbesserte ihn Lotti.

«Du auch? Zwei Eis!», krähte der Junge und sah mich dabei erwartungsvoll an.

«Nein, das hier ist nicht die Cafeteria», seufzte Lotti. «Ich hab dir doch gesagt, wir müssen erst in Mamas Büro, und wenn du da schön ruhig bist, gehen wir danach in die Cafeteria und du kriegst vielleicht ein Eis.»

«NEIN!», schrie Vincent, und Lotti drückte ihm schnell eine Ausgabe von «Psychiatrie, Psychosomatik, Psychotherapie – Band 1: Allgemeine Psychiatrie» in die Hand, um ihn abzulenken.

«Guten Tag, Frau Doktor. Hallo, Vincent», sagte ich schmunzelnd.

«Entschuldigen Sie», stöhnte Lotti, «aber heute hat die Kita wegen einer Betriebsversammlung geschlossen, und die Babysitterin, die eigentlich auf Vincent aufpassen sollte, ist plötzlich krank geworden. Unsere Nachbarin ist im Urlaub, und meine Mutter konnte ich telefonisch auf die Schnelle nicht erreichen.»

«Das macht doch nichts», sagte ich, während Vincent das Psychiatrie-Buch durchblätterte und anfing, alle Seiten ohne Bilder herauszureißen. «Kinder sind doch etwas Schönes.»

«Natürlich», sagte Lotti. «Aber manchmal sind sie vor allem Arbeit.»

«Aber man kriegt so viel zurück.»

«Schon, aber das, was man zurückkriegt, ist meistens kaputt», sagte Lotti und nahm Vincent die arg zerrupfte «Allgemeine Psychiatrie» aus der Hand.

«Ich will Eis!»

«Herrgott noch mal, kannst du nicht mal fünf Minuten kein Eis wollen?», herrschte Lotti ihn an. Und zu mir gewandt, fügte sie hinzu: «Keine Geduld. Genau wie sein Vater. Wenn ich mit meinem Ex-Mann Schuhe kaufen war, hat der immer das erstbeste Paar genommen, nur, um schnell wieder aus dem Laden rauszukommen. Auch wenn es zwei Nummern zu groß war.»

«Ich will Eis!»

«O Mann!» Lotti wühlte genervt in ihrer Handtasche und zog ein Kaugummi heraus, das sie Vincent hinhielt. «Hier!»

«Äh, Frau Schwerdtfeger?», warf ich ein. «Das ist ein Nikotinkaugummi.»

«Was? Ach so.» Sie zog es wieder zurück, und Vincent, der gerade danach greifen wollte, jaulte noch lauter. Lotti atmete tief durch.

«Puh. Wenn ich gewusst, hätte, dass ich so ein schwieriges Kind kriegen würde ...»

In meinem Kopf wurde ein Schalter umgelegt. «Frau Doktor», unterbrach ich sie freundlich, aber bestimmt. «Es gibt keine schwierigen Kinder, es gibt nur schwierige Situationen.»

Sie sah mich erstaunt an. Auch ich hatte gemerkt, dass meine Stimme sich verändert hatte. Sie war sanft, beruhigend, extrem kompetent und irgendwie – weiblich. Auch Vincent hörte auf zu weinen und guckte mich erwartungsvoll an. Ich stand auf und hockte mich neben ihn.

«Hey, siehst du die Uhr da an der Wand?», sagte ich kameradschaftlich. Er nickte. «Guck mal, der dünne Zeiger läuft am schnellsten. Der überholt die beiden lahmen Enten immer wieder. Zzzzzjuuu!»

Ich machte mit angewinkelten Armen eine angedeutete Laufbewegung, und Vincent kicherte.

«Und der lange Zeiger», fuhr ich fort, «ist ein *Geheimzeiger*. Der bewegt sich nur, wenn man gerade nicht guckt. Da braucht man Augen wie ein Luchs, wenn man den mal dabei erwischen will.»

«Ich hab Augen wie ein Luchs!», verkündete Vincent.

«Eeecht? Na dann guck mal, ob du den Geheimzeiger dabei erwischst, wie er sich bewegt. Mama und ich müssen noch was besprechen, okay?»

Vincent starrte wie gebannt auf die Wanduhr, und bis auf ein minütlich gekrähtes, triumphierendes «Jetzt!», «Da!» oder «Schon wieder!» verhielt er sich ruhig.

Lotti sah mich interessiert an.

«Wer sind Sie denn jetzt?», fragte sie. «Steckt da eine neue Persönlichkeit dahinter?»

«Ich bin vierfache Mutter und Diplompädagogin», erklärte ich ihr freundlich. «Ich bin … Johannes Schlüter, die Supernanny.»

«Oha. Assoziative Spontanrückführung.» Lotti schnappte sich Notizblock und Bleistift, setzte sich mit übereinandergeschlagenen Beinen vor mich und blickte mich erwartungsvoll an. «Dann erzählen Sie mir doch mal etwas über sich und Ihr Leben als Superpädagogin.»

Ich lächelte sie freundlich an, zupfte meine Kleidung zurecht und erzählte ihr

Mein Leben als Kim Jong-ils Supernanny

2011. Frankfurt. Flughafen. Ich trage ein rotes Kostüm und eine Brille mit schwarzem Gestell. Ich ziehe einen Rollkoffer hinter mir her; am Ohr habe ich ein Mobiltelefon. Ich telefoniere mit einer hilfesuchenden Mutter.

«Und dann schließt sich Hauke immer in seinem Zimmer ein und spielt diese schrecklichen Computerspiele», erzählt sie. «Und wenn ich ihm sage, geh doch mal an die frische Luft, dann wird er aggressiv.» Sie seufzt, dann fährt sie fort: «Die Pubertät ist einfach eine echt schwere Zeit für ihn. Aber wenigstens kriegt er jetzt keine Pickel mehr im Gesicht.»

«Echt? Wieso nicht?»

«Kein Platz mehr.»

Wir einigen uns darauf, Hauke nächste Woche ganz einfühlsam in einem geschützten Umfeld auf seine Akne anzusprechen und das Ganze dann bei RTL einem einfühlsamen Millionenpublikum zu zeigen. Doch dann muss ich auflegen, denn mein Flug geht in fünf Minuten, und am anderen Ende der Welt wartet ein ganz besonders interessanter Fall auf mich: Kim Jong-il. Verzogen, trotzig, unberechenbar – und Diktator von Nordkorea.

Nach einem etwa zwölfstündigen Flug, auf dem ich die Erziehungsprobleme der Familie Wegner auf den Plätzen 16E, 16F und 16G gelöst sowie das Bettnässen des kleinen Kevin auf Platz 32A mit den Passagieren der Reihen 33–36 erörtert habe, landen wir in Pjöngjang. Unser Pilot muss sich sehr konzentrieren, da die Landebahn unbeleuchtet ist. Abends wird in der Stadt der Strom rationiert – nur die Statuen von Kim Jong-ils Vater und Staatsgründer Kim Il-sung sind bei Dunkelheit durchgehend illuminiert.

Während ich in der Flughafenhalle auf den Fahrer warte, der mich abholen soll, betrachte ich die riesige Anzeigentafel, auf der abwechselnd ein- und ausgehende Flüge sowie patriotische Parolen zu lesen sind. Als ich genauer hinsehe, merke ich, dass die Tafel aus menschlichen Pixeln besteht. In einem Gerüst hocken Hunderte von Nordkoreanern, die sich verschiedenfarbige Tafeln vor das Gesicht halten, aus denen sich die Buchstaben und Bilder zusammensetzen. Während ich noch schaue, verliert einer von ihnen sein Schild, wodurch das gerade erschienene Bild von Kim Jong-il eine hässliche Zahnlücke bekommt. Sofort eilt ein hilfsbereiter Polizist herbei, hebt das Schild auf und schleift den Mann weg. Wahrscheinlich ins nächstgelegene Gefängnis.

Im Regierungspalast empfängt mich der Vorsitzender des Ministerrats, Choe Yong-rim.

«Nun, wo steckt denn unser Sorgenkind?», möchte ich wissen.

«Jaa, ich will Sie nicht lange auf die Folter spannen», sagt mein Gastgeber. «Obwohl, vielleicht doch, wenn Sie ein Dissident sind.»

Er mustert mich eine Weile nachdenklich. Dann lächelt er. «Na, dafür ist ja später immer noch Zeit. Begeben wir uns jetzt zu unserem geliebten Führer.»

Als ich den kleinen Kim zum ersten Mal treffe, wirkt er wie verloren in seinem riesigen Zimmer. Es wird schnell deutlich, in welcher schwierigen Situation er steckt. Sein Vater ist 1994 mit nur 82 Jahren gestorben und hat ihm außer einer völlig verarmten stalinistischen Steinzeitdiktatur und zehn Flaschen Cognac nichts hinterlassen.

Kims chinesischer Stiefvater Hu Jintao kümmert sich nur sporadisch um ihn. Aber das ist vielleicht auch besser so, denn er ist kein guter Umgang für den kleinen Kim. Hu schert sich wenig um die Rechte anderer, auch wenn er das Gegenteil behauptet («Menschenrechte? Hu cares!», sagt er mir, als ich ihn am Telefon darauf anspreche). Außerdem besitzt Hu zu Hause jede Menge Waffen, an die auch Kim herankommen könnte.

Nach wenigen Tagen ist klar: Kim ist einsam und fühlt sich völlig isoliert. Er flüchtet sich zunehmend in eine Phantasiewelt voller Kriegsspielzeug und Soldaten. Drei Tage nach meiner Ankunft lässt er eine selbstgebaute Rakete hochgehen, die den Nachbarn einen Riesenschrecken einjagt.

Als ich ihn darauf anspreche, sieht er nur betreten aus dem Fenster und lässt mich verhaften – ein klares Zeichen innerer Unsicherheit.

Am nächsten Tag besucht mich Herr Ban Ki-Moon vom Jugendamt in meiner Zelle. Es ist ihm gelungen, Kim mit Süßigkeiten und zweihundertvierzigtausend Tonnen Lebensmitteln zu bestechen und dafür den Schlüssel zu meiner Zelle zu bekommen. Während wir wieder hinauf in Kims Zimmer gehen, teile ich Herrn Ban Ki-Moon meine Bedenken hinsichtlich seiner Vorgehensweise mit.

«Das Problem dabei ist», sage ich, «Kim lernt, dass er für aggressives Verhalten belohnt wird.»

«Ja, natürlich», gibt Herr Ban Ki-Moon zu. «Aber was sollen wir tun? Wir können ihn erst dann in eine Pflegefamilie geben, wenn er etwas wirklich Schlimmes anstellt.»

In Kims Zimmer sehe ich, wie Kim gerade eine Flasche Cognac austrinken will.

«Kim», sage ich sanft. Ich hocke mich vor ihm hin und lege ihm die Hände auf die Schultern. Eine Zuwendung, die er so nicht kennt. Es ist ihm sichtlich unangenehm, aber die Berührung scheint doch etwas in ihm auszulösen. Er lässt mich jedenfalls nicht verhaften.

«Kim», sage ich. «Ich weiß, dass du deinen Vater unglaublich vermisst. Du glaubst, weil du ganz alleine bist, musst du stark sein und ganz viele Waffen haben. Aber das brauchst du gar nicht. Du bist du. Du bist Kim. Und wenn du die anderen nicht immer mit Atomwaffen bedrohst, dann lassen sie dich auch mitspielen.»

Er lässt wie in Trance die Cognacflasche sinken.

«Du machst das gaaaanz toll», lobe ich ihn. Ich umarme ihn sanft, tätschele ihm den Kopf und schicke ihn für ein paar Stunden auf die stille Treppe.

Am nächsten Tag gehe ich mit meinem Coaching noch einen Schritt weiter. Kim ist jung Vater geworden und hat bereits einen eigenen volljährigen Sohn, der Kim Jong-un heißt. Und bei diesem zeichnet sich eine Wiederholung des verhängnisvollen Erziehungsmusters ab, das auch seinen Vater belastet: Isolation, Waffen, Realitätsflucht.

Ich sitze gerade mit Kim Jong-il beim Mittagessen, als sein Sohn von der Schule nach Hause kommt. Kim Jong-un hat einiges an Übergewicht und ein ziemlich teigiges Gesicht. Als ich später ein Klassenfoto sehe, schätze ich, dass er etwa doppelt so viel wiegt wie seine vier unterernährten Banknachbarn zusammen.

«Hallo, Papa», sagt er schüchtern. Ich habe mit seinem Vater verabredet, mich ganz im Hintergrund zu halten, um in Ruhe den Umgang der beiden miteinander beobachten zu können.

«Hallo, Sohn. Wie war's in der Schule?», spricht Kim seinen Sohn etwas hölzern an.

«Gut», druckst dieser herum.

«Jetzt lass dir doch nicht alles aus der Nase ziehen. Erzähl doch mal.»

«Na ja, meine Mitschüler haben wieder gesagt, ich sei ein fettes Riesenbaby.»

«Ja, ich weiß», sagt sein Vater. «Ich habe deine Mitschüler und ihre Familien bereits verhaften lassen.»

«Danke, Papa!»

«Bitte.»

Kims Sohn beißt sich unsicher auf die Unterlippe. Er hat anscheinend etwas auf dem Herzen.

«Papa, bin ich wirklich fett?»

«Hör zu, mein Sohn. Du bist nicht fett. Und jetzt nimm dir zwei Stühle und setz dich zu mir.»

Nach dem Essen setzt sich Kim senior mit seinem Sohn vor den Fernseher. Es läuft gerade ein Spendenaufruf für die nordkoreanische Silvesteraktion «Böller statt Brot» und im Anschluss ein Bericht über das großartige nordkoreanische Volk, die großartige nordkoreanische Armee und die großartige nordkoreanische Industrie.

«Eines Tages», verkündet Kim seinem Sohn und zeigt auf den Bildschirm, «wird das alles dir gehören.»

«Der Fernseher?», fragt Kim junior und fängt sich von seinem Vater eine Backpfeife. Ich mache mir eine Notiz.

«Nein. Nordkorea.»

«Aber Papa», wendet der Sohn ängstlich ein, «vielleicht wollen die mich gar nicht als Diktator. Sag mal, wenn sich alle Nordkoreaner Demokratie wünschen würden, würdest du dich dann auch zu freien Wahlen breitschlagen lassen?

Kim senior überlegt kurz.

«Nein, ich würde alle Nordkoreaner breitschlagen lassen.»

Ich schalte mich ein.

«Kim? Kim? Ich glaube, ihr solltet jetzt mal etwas zusammen unternehmen. Eine echte Vater-Sohn-Aktion. Etwas, das ihr sonst nicht macht.»

«Südkorea angreifen?», schlägt Kim senior vor.

«Au ja, Papa! Juche!», freut sich sein Sohn.

Ich seufze.

«Kim – Kim –, das ist eine kreative Idee, aber ich glaube, ihr müsst erst einmal eure sanfte, emotionale Seite wiederentdecken. Wie wäre es, wenn ihr mal ein Lied zusammen singt?»

Kim senior nimmt den Telefonhörer hoch, um die Wachen zu rufen und mich verhaften zu lassen, aber sein Sohn legt ihm sanft die Hand auf den Arm und sieht ihn mit bittenden Augen an. Er würde gerne mal mit seinem Vater singen, das sieht man ihm an. Kim senior legt den Telefonhörer wieder hin und seufzt.

«Na gut, warum nicht?», murmelt er.

Er überlegt und beginnt, leise eine Melodie zu summen. Es ist «Father and Son» von Cat Stevens. Er räuspert sich, dann fängt er mit seiner dünnen, heiseren Stimme an zu singen.

«Hör mal zu, mein kleiner Mops,
ich vererb dir Nordkorea.
In uns fließt das gleiche Blut ...»

«... und wir haben den gleichen Schlafanzug», ergänzt Kim und zeigt fröhlich auf die braungrauen, schlecht geschnittenen Textilsünden, die beide am Leib tragen. Der Vater scheint unsicher zu sein, ob er seinen Sohn verhaften lassen soll, lächelt dann aber und singt weiter:

«Diktator sein, das ist nicht schwer,
jeder Depp kann das schaffen.
Schau mich an, ich bin alt, aber hässlich, äh ... happy.»

«Aber Papa», fängt Kim junior an, überlegt ein bisschen und fährt dann singend fort:

«Bei uns hat keiner was zu mampfen
und die Kacke ist am Dampfen
Was ist, wenn Revolution
auch zu uns kommt?»

Kim senior schnaubt verächtlich.

«Du bist ja wohl kein solcher Schlaffi,
wie Mubarak und Gaddafi,
wenn sich bei uns einer beschwert,
wird er gefedert und geteert.
Nordkorea ist am besten,
wir verabscheuen den Westen …»

«… bis auf die Pornos von Papa … die kommen aus Amerika», ergänzt der Sohn fröhlich, doch sein Lächeln erstirbt sofort, als er sieht, wie sein Vater darüber denkt, was sein Junior gerade vor zwei Millionen RTL-Zuschauern ausgeplaudert hat. Kim senior schnappt sich ein zufällig herumliegendes Bajonett und jagt seinen dicken Sohn durch den tristen, aber riesigen Palast, während ich ihnen zufrieden hinterherblicke – in dem guten Gefühl, wieder einer kaputten Familie langfristig geholfen zu haben. Denn nach einem gemeinsamen Lied jetzt auch noch gemeinsam Sport zu betreiben, das stärkt das Gemeinschaftsgefühl und reduziert das familiär veranlagte Übergewicht. Ich lächle, zupfe meine Kleidung zurecht, schnappe meinen Rollkoffer und …

… saß ich wieder im Behandlungszimmer meiner Therapeutin Lotti Schwerdtfeger. Vincent war mittlerweile auf der Psychoanalyse-Couch seiner Mutter eingeschlafen.

«Vielleicht sollten Sie mit Ihrem Sohn auch mal was zusammen singen, Frau Doktor!»

«Äh, ja, vielleicht», sagte Lotti und blickte auf die Notizen, die sie sich während meines Berichtes gemacht hatte. «Aber besonders langfristig haben Sie dieser verkorksten Familie ja nicht geholfen. Kim Jong-il ist ja im Dezember 2011 gestorben, und Kim Jong-un macht einfach genauso weiter wie sein Vater. Stalinistische Hungerdiktatur 2.0, Isolation, keine Reformen, nichts.»

«Aber die Einschaltquoten waren klasse», wandte ich ein.

«Na ja. Soviel ich weiß, ist die Sendung danach auch eingestellt worden», erwiderte Lotti. «Vielleicht, weil Sie diese Teilpersönlichkeit nach Ihrer Nordkorea-Erfahrung aufgegeben haben?»

Ich überlegte.

«Stimmt. Ich war lange nicht mehr die Supernanny. Aber mal was anderes, Frau Doktor: Warum haben Sie sich eigentlich von Ihrem Mann scheiden lassen?»

«Ach, der Sack!», schnaubte sie. «Der hat was mit dieser Igitte aus seinem Büro angefangen, weil er nach Vincents Geburt angeblich das Gefühl hatte, nur noch die zweite Geige zu spielen.»

«Da muss jeder Vater durch», sagte ich. «Das ändert sich auch wieder.»

«Spätestens beim zweiten Kind, dann spielt er nur noch die dritte», bestätigte Lotti. Wir mussten beide laut lachen. Dann sah sie mich fest an und sagte: «Ich glaube, er war einfach kein Familienmensch.»

«Ich glaube, wer mit Ihnen keine Familie haben will, ist einfach verrückt», erwiderte ich.

Lotti lachte: «Na, das sagt ja der Richtige!»

«Wieso?», gab ich zurück. «Ich bin *mehrfach* verrückt!»

«Stimmt, Mister dreiundzwanzig Persönlichkeiten», musste

Lotti zugeben. Sie fing an, ihre Sachen zusammenzupacken, dann hielt sie noch einmal inne. «Danke für das Kompliment.»

Dann nahm sie ihren Sohn auf den Arm und ging zur Tür hinaus. Auf der Türschwelle wandte sie noch einmal den Kopf und lächelte mir über die Schulter zu. Ich lächelte zurück.

«Bis morgen, Frau Doktor.»

«Nennen Sie mich Lotti.»

Ego-Schlüter — Mein Leben als junger, cooler Computerspiele-Erfinder

«Guten Morgen, Johannes!» Meine Therapeutin Lotti Schwerdtfeger stand von ihrem Schreibtischstuhl auf, um mich zu begrüßen, als ich lässig und kopfhörertragend in ihr Büro geschlendert kam.

«Yo, Chica, was geht? Alles fresh?» Ich streckte ihr meine Hand für einen komplizierten Hip-Hop-Ghetto-Gangster-Gruß entgegen, aber anstatt den Move korrekt zu checken, ergriff sie meine Hand und schüttelte sie. Derbe oldschool & uncool, Digger! Out of time! Aber wenigstens sah die Ische Bombe aus – obwohl sie bestimmt schon zweimal volljährig geworden war. Ich ließ mich schwer in einen Stuhl fallen und pulte mir die Kopfhörer aus den Ohren.

«Oho, Johannes!» Lotti zog beeindruckt die Augenbrauen hoch. «Eine neue Persönlichkeit. Sind Sie schon so aufgewacht, oder haben Sie heute Morgen irgendetwas Ungewöhnliches gemacht?»

«Bin ganz chillig zum Cafeteria-Automaten gecruist und hab mir drei Dosen Cola und vier Schokoriegel gezweckt. Hatte ich gerade einen Turn drauf. Normal. Dauert der Psycho-bla hier noch lange?»

«Aha. Provozierende Szenesprache, raffinierte Kohlenhydrate als Nahrungsquelle, extrem verkürzte Aufmerksamkeitsspanne – Johannes, Sie sind … ein Jugendlicher!»

Ich verdrehte die Augen. Die Alte war anscheinend ein völlig breger Noob.

«Oh Mannsen, das sind ja derb freshe News, Doc. Korrektes

Update.» Ich beugte mich zu ihr vor und sagte mitleidig: «Ich will ja Ihre analytischen Fähigkeiten nicht dissen, aber der Fact war ja wohl wirklich ein bisschen zu obvious. Als Nächstes verklickern Sie mir noch, dass ich hier auf einem Stuhl sitze, was?»

Lotti sah mich mit festem Blick an.

«Johannes, wie alt sind Sie?»

Ich stöhnte auf. Boooring!

«Haben Sie das nicht irgendwo in Ihren Akten stehen, Doc? Irgendwie suckt das Gelaber hier.»

«Bitte, Herr Schlüter. Wie alt?»

«Na, neunzehn.»

Lotti machte sich eine Notiz. Dann lehnte sie sich zurück.

«Na gut, darüber können wir später noch mal sprechen. Aber erzählen Sie doch erst mal ein bisschen was von sich. Sind Sie noch Schüler, Johannes?»

«Geh weg! Da bin ich schon years ago outgedroppt.»

«Und als was arbeiten Sie jetzt?»

«Game Developer. Normal. Am Start. Diesdas.»

«Und was für Spiele entwickeln Sie?»

«Kennen Sie ‹Ego-Schlüter›? Das Ballerspiel? Derbe in your face. Wham! Scenic.»

«Nein, leider nicht.»

«Dachte ich mir, dass Sie nicht down mit dem Shit sind. Sie sind ein krasser Lowbob, oder?»

«Was heißt das?», wollte sie wissen.

«Na, ein Game-Noob.»

«Wenn Sie das sagen. Warum zeigen Sie ihn mir nicht einfach?»

«Hä?»

«Ihren ‹Ego-Schlüter›. Hier, auf meinem Computer.»

«Of-course-o-mat. Am Start, Digger. Ersma.»

Wir gingen zu Lottis Computer. Sie typte ihr Password ein, connectete sich mit dem Server, und mit ein paar Klicks hatte ich mein Game aus dem Netz downgeloaded.

«Gute Graphik», sagte Lotti, während wir mit einer großkalibrigen Schnellfeuerwaffe virtuell durch die Gegend chillten und Zombies abschossen.

«Keepin' it real since 1899. No fake, Alder», bestätigte ich. Ja, der realistische Touch war der Grund, warum «Ego-Schlüter» bei den Gamern so erfolgreich war. Doch jetzt musste ich aufpassen. Da kam der Nörgelmutter-Zombie! «Hast du schon wieder die ganze Nacht Computer gespielt?», stöhnte er. «Willst du dich denn nicht mal waschen?» RATATATAT! Weg war er. Und da! Der Arbeitsamt-

Zombie! «Wenn Sie noch einen Termin verpassen, muss ich Ihnen das Arbeitslosengeld streichen!», röchelte er. BAM! Geh kacken, Spacken!

«Hm», meint Lotti von der Seite. «Sie sind ein ziemlicher Profi, was? Spielen Sie viel?»

Ich grunzte zustimmend und ballerte einem weiteren nervigen Zombie die Rübe weg.

«Manche Leute behaupten ja, exzessives Computerspiel mindere die Kommunikationsfähigkeit …»

«Hä?», grunzte ich.

«… und mache aggressiv …»

«Jetzt halt doch mal die Fresse!», unterbrach ich sie unwirsch. So konnte ja kein Mensch in Ruhe den Highscore knacken!

Plötzlich wurde der Monitor schwarz. Suckage! Shit! Dislike!

«Oh, abgestürzt», meinte Lotti bedauernd. «Das hat er manchmal. Aber sagen Sie mal, was meinen Sie als Spieleentwickler eigentlich dazu, dass inzwischen drei bis sechs Prozent aller Jugendlichen als computerspielsüchtig gelten? In der Kinder- und Jugendpsychatrie haben wir immer wieder …»

«Wayne», sagte ich schulterzuckend. «Sollen wir Game Developer etwa eine Sperre einbauen, die nach zwölf Stunden Dauerspiel automatisch Pause macht, oder was?» Ich lachte spöttisch, aber Lotti blieb ernst. «Warum eigentlich nicht?», fragte sie.

«Ach lax», sagte ich schnell. «Was am besten hilft gegen Spielsucht, ist sowieso mein Spiel ‹Besiege deine Spielsucht›. Real, fresh und tight. Man spielt einen straighten Typen, der den ganzen Tag pervers derbe Games zockt, und muss ihn den Ausknopf drücken lassen, damit er endlich seinen virtuellen Schulabschluss machen oder echte virtuelle Freunde treffen kann.»

«Und das klappt?», fragte Lotti.

«Na ja, erst im fünfzigsten Level», musste ich zugeben. Vorher muss er noch jede Menge virtuelle Games zocken und virtuelle Kartoffelchips essen.»

Lotti Schwerdtfeger schien nicht gerade überzeugt.

«Und einfach am realen Gerät den Ausknopf drücken geht nicht?», fragte sie.

«Das ist doch krass lauer Backpacker-Mainstream! Wo bleibt denn da der Fun?»

«Man kann doch auch ohne Computer Spaß haben», meinte Lotti.

Wie meinte die Katze *das* denn? Und wie sah sie mich denn jetzt an? Burner, Alder! Ownage! Irgendwie diggte ich die Schnitte.

«Wissen Sie was, Doc?», sagte ich. «Sie kriegen von mir echt fette Props. Nicht unbedingt für Ihren Psycho-Talk, aber für Ihre gechillte Art und Ihre Hardware. Wenn der Altersunterschied nicht wäre, würde ich echt versuchen, Sie anzugraben.»

Sie beugte sich zu mir vor.

«Johannes, das, was ich Ihnen jetzt sage, wird Sie vielleicht schockieren, aber ich fürchte, Sie sind ungefähr so alt wie ich – jedenfalls wesentlich älter als neunzehn.»

Was? Entweder wollte die Bitch mich natzen, oder sie suchte Bief.

«Hä? Deine Mudda, du Opfer! Bist du whack?» Ich starrte sie verständnislos an. «Willst du mich hier fronten mit deinem Gehate, oder was?»

Anstelle einer Antwort holte Lotti einen Spiegel aus ihrer Schreibtischschublade und hielt ihn mir entgegen.

«Tschüüsch-a-boh!», entfuhr es mir. Aus dem Spiegel blickte mir ein Horst entgegen, dessen Fresse übelst pott aussah. Falten, Augenringe, grau werdende Haare – der Typ war mindestens dreißig, wenn nicht sogar vierzig! Kurz: Mein Spiegelbild suckte.

«Dislike!», stellte ich mit leicht zitternder Stimme fest. «Was is'n mit meinem Face passiert, Doc? Hat irgendein whacker Wissenschaftler mein Gehirn in den Körper von diesem hacken Honk transplantiert, oder was?»

«Na ja, eher umgekehrt», sagte Lotti. «Das ist Ihr wirklicher Körper, aber ein Teil Ihrer Persönlichkeit denkt, er sei immer noch neunzehn.»

«Krassinger!» Ich schüttelte fassungslos den Kopf, fing an zu zittern und fühlte mich so strange, als hätte ich schlechtes Weed geraucht.

«Ganz ruhig, Johannes. Das kriegen wir schon wieder hin. Dafür bin ich schließlich Ihre Psychotherapeutin.»

«Haben Sie mein Spiegelbild gesehen?», schrie ich entsetzt auf. «Ich seh übel scheiße aus! Hardcore alt und so! Wie wollen Sie das denn wegpsychotherapeuten?» Ich legte mein Resterampenface in die Hände und fing hemmungslos an zu weinen. Weltertränker war eigentlich nicht mein Style, aber das war alles einfach too much.

«Nanana», murmelte Lotti beruhigend und nahm mich in den Arm. «Alles wird gut. Zum Beispiel finde ich gar nicht, dass Sie besonders scheiße aussehen.»

«No fake?», schluchzte ich.

«Nein, ganz im Ernst», versicherte mir Lotti. «Ich finde, Sie sind ein recht attraktiver Mann.»

«Hm.» Langsam chillte ich wieder runter. Ich hob mein wettes Face und sah Lotti an.

«Aber … wenn nur ein Teil meiner Personality thinkt, dass er neunzehn ist … fühle ich mich dann den Rest of the time so, wie der Droog da im Spiegel aussieht?»

«Ihre Teilpersönlichkeiten sind unterschiedlich alt, aber Ihre Primärpersönlichkeit ist wahrscheinlich genauso alt wie Ihr Körper.»

«Abturner! Das heißt, dieser Primär-Homie ist mein echtes Ich?»

«Zumindest würde er bei einer Verschmelzung Ihrer Teilpersönlichkeiten die zentrale Rolle einnehmen.»

«Und ich? Bin ich dann weg?» Ein komisches Feeling kroch mir den Rücken runter.

«Nein, Herr Schlüter. Ihre Teilpersönlichkeiten bleiben als Erinnerungen Teil Ihrer Identität. Wie bei jedem Menschen. Ich war auch mal neunzehn, und glauben Sie mir: Ich bin ganz froh, dass ich es jetzt nicht mehr bin.»

Ich sah sie an. «Wow! Sie mit n-n-nineteen – da waren Sie bestimmt ein Mörder Frollein und haben die Homies derbe geflasht, was?»

Sie lächelte.

«Nun, ich habe das Gefühl, einige Homies flashe ich auch heute noch ganz gut.»

Ich wusste nicht, was ich darauf erwidern sollte.

«Normal. Sootshe. Geh bei Grün, Digger. Äh, am Start ...»,
stammelte ich.

«Schon gut», lachte sie. «Ich würde sagen, Sie essen jetzt erst
mal etwas, das nicht zur Hälfte aus Zucker besteht, und kommen
einfach wieder, wenn Sie ein paar Jahre älter sind – dann bespreche
ich das Ganze noch mal mit Ihrer Primärpersönlichkeit. Wir kriegen das schon hin, Johannes.»

Sie umarmte mich noch einmal zum Abschied und strubbelte
mir aufmunternd übers Haar. Auch ich squeezte sie fest an mich,
bis sie schließlich meine Arme sanft, aber bestimmt löste.

«Peace ersma. Ich bin raus», sagte ich.

«Bis später, Johannes», erwiderte sie ruhig.

«In der Kantine gibt es heute Sauerbraten mit Rosenkohl und
Salzkartoffeln», rief sie mir noch nach, während ich, nicht ganz so
chillig, wie ich gekommen war, in Richtung Kantine cruiste.

Scan mich! Ich bin ein Film!

Mit Schirm, Charme und Wassermelonen

«Guten Morgen, Johannes!» Meine Therapeutin Lotti Schwerdt-feger kam heute mit einem besonders strahlenden Lächeln ins Be-handlungszimmer.

«Guten Morgen, Lotti», antwortete ich.

«Na, haben Sie den Jugendwahn-Anfall von gestern überstan-den?»

«Der Trip hat mich gestern krass derbe geflasht. Voll crank, oda? Kleiner Scherz. Mir geht es wieder gut.»

Lotti grinste mich erleichtert an. «Haben Sie das Fotoalbum da-bei, um das ich Sie per Mail gebeten hatte?»

«Na sicher!» Ich zog ein schwarzes, in Leder gebundenes Buch hervor und legte es auf den Tisch. «Meinen Sie, dass in meiner Familiengeschichte irgendetwas Aufschlussreiches in Bezug auf meine Persönlichkeitsspaltung zu finden ist?»

«Könnte durchaus sein», nickt Lotti. «Es ist eigentlich immer einen Versuch wert, ein wenig in der Vergangenheit nachzufor-schen.» Sie zog einen Stuhl heran. «Am besten, wir gucken uns Ihr Album mal an, und Sie erzählen mir ein bisschen was zu den Bil-dern.»

«Gerne.»

Wir setzten uns Schulter an Schulter nebeneinander. Ich stellte fest, dass Lotti das gleiche dezente Parfüm wie gestern trug. Kurz hielt ich inne, schlug dann aber mein Familienalbum auf und er-zählte ihr

Mein Leben mit meiner Familie

Schon in zartester Jugend wurde ich von schweren Schicksalsschlägen gebeutelt, und auch später blieb mir das Unglück treu: Mein Vater starb zwei Jahre vor meiner Geburt, meine Mutter verließ uns, als sie noch ein kleines Baby war, und meine Frau habe ich nie kennengelernt.

Dass ich trotzdem eine stets interessante, streckenweise sogar glückliche Kindheit hatte, verdanke ich Opa Wilhelm und Tante Horst. Die beiden beantragten die Vormundschaft für mich und nahmen mich zu sich auf Schloss Schlüterburg bei Göttingen.

Opa Wilhelm, dessen Vater Schloss Schlüterburg 1890 von einem Hausierer auf der Durchreise gekauft hatte, hatte seit Jahren keinen Fuß mehr vor die Tür gesetzt. Er hatte als Vierzehnjähriger auf dem Wochenmarkt eine Wassermelone gestohlen und war seitdem von der Vorstellung besessen, der mächtige Obst- und Gemüsehändlerverband würde nur darauf warten, dass er sich wieder im Dorf blicken ließe, um ihn dann mit Wassermelonen zu bewerfen. Folglich hatte er eine Menge Zeit für mich. Oft saß ich bei Opa Wilhelm im Zimmer, sah aus dem Fenster, um für ihn nach Obst- und Gemüsehändlern Ausschau zu halten, und ließ mir von ihm die spannendsten Geschichten aus seinem Leben erzählen. Da er im Alter von vierzehn Jahren aufgehört hatte, irgendetwas Spannendes zu erleben – er erlebte eigentlich gar nichts –, waren seine Geschichten sterbenslangweilig. Ich schwor

Schloss Schlüterburg

mir, nie so zu werden wie er, sondern das Leben und die Welt in seiner ganzen Vielfalt kennenzulernen.

Meine Tante Horst war Konteradmiral der Kriegsmarine gewesen, bis sie schließlich eine Umschulung zur Varietétänzerin gemacht hatte.

Sie war vielfältig interessiert, was sich besonders auf Männer bezog, und nach und nach heiratete sie fünfzehn gut aussehende Kerle, die nach ihrer jeweiligen Scheidung einfach bei uns wohnen blieben, denn Platz hatten wir ja genug. Außerdem blieben Tante Horsts Ex-Männer ihr allesamt

Meine Tante Horst

Meine fünfzehn Onkel bei einem gemeinsamen Wanderausflug

freundschaftlich verbunden, und so kam es, dass ich irgendwann fünfzehn männliche Erziehungsberechtigte hatte: Onkel Karl, Onkel Theodor, Onkel Maria, Onkel Nikolaus, Onkel Johann, Onkel Jacob, Onkel Philipp, Onkel Franz, Onkel Joseph, Onkel Sylvester, Onkel Philippus, Onkel Theophrastus, Onkel Aureolus und Onkel Bombastus.

Diese Vielfalt war ebenso bereichernd wie verwirrend. Onkel Johann war es äußerst wichtig, dass ich die Klassiker der deutschen Dichtung studierte, während Onkel Sylvester darauf brannte, mich im Gebrauch großkalibriger Waffen zu unterrichten. Onkel Jacob und Onkel Joseph, mit denen ich zusammen Akkordeon übte, konnten sich meistens nicht darauf einigen, ob wir Polka oder Heavy Metal spielen sollten, und jeder versuchte mit allen Mitteln, mich auf seine Seite zu ziehen.

Onkel Jacob (links), kurz bevor er Onkel Joseph (rechts) sein Akkordeon über die Rübe zog

Und auch was meine Berufswahl anging, gab es viele unterschiedliche Meinungen: Onkel Karl und Onkel Theodor sahen in mir den geborenen Politiker, Onkel Philippus bestand drauf, dass ich Medizin studierte, Onkel Theophrastus bevorzugte Theologie, Onkel Bombastus wiederum Alchemie, Onkel Aureolus wollte, dass ich Astrologe wurde, und Onkel Franz hatte für mich eine Karriere als Profifußballer vorgesehen.

Ich weiß nicht, wie, aber irgendwie gelang es mir, jedem gerecht zu werden. Alles eine Frage von Effizienz, Timing und Schlafmangel. Schließlich war ich extremes Multitasking seit meiner Kindergartenzeit gewohnt: Da Tante Horst die musikalische Früherziehung des St.-Bernhardina-Kindergartens ebenso wichtig fand wie die Naturerfahrung der Kita «Die Waldzwerge» und das waldorfpädagogische Gesamtkonzept des Rudolf-Steiner-Kindergartens, hatte sie mich kurzerhand bei allen drei angemeldet. Ich ging also in drei Kindergärten gleichzeitig und lernte, Xylophon und Blockflöte zu spielen, Moosgärtchen zu basteln und Wildkräuter zu sammeln, meinen Namen zu tanzen, rechte Winkel zu vermeiden und damit umzugehen, dass die wichtigen Freundschaften in meiner Abwesenheit geschlossen wurden.

Doch wozu brauchte ich Freunde? Ich hatte ja meine Familie. Leider konnte ich mit zunehmender Onkelzahl immer seltener Zeit mit meinen Geschwistern verbringen, und schließlich verloren wir uns aus den Augen. Schade eigentlich. Bei meinen vier jüngeren Geschwistern bin ich nicht einmal mehr ganz sicher, wie sie heißen. (Ich glaube, sie heißen alle Torben, bis auf Maike, die heißt Tim.)

Auch in moralischer Hinsicht fuhr ich mehrgleisig. Onkel Theophrastus schärfte mir ein, immer ehrlich und aufrichtig zu sein, während für einige meiner anderen Onkel der Zweck die Mittel heiligte – sie wollten Erfolg um jeden Preis. Einmal hielt ich dieses Dilemma nicht mehr aus und ging zu Opa Wilhelm. Der hörte sich meine Schilderungen bedächtig an, sah mir dann ernst in die Augen und riet mir, mich vor wassermelonenwerfenden Obst- und Gemüsehändlern in Acht zu nehmen.

Ich war also auf mich alleine gestellt und musste irgendwie abwechselnd ehrlich und verlogen, anständig und verschlagen, aufrichtig und durchtrieben, fair und hinterfotzig sein. Aber ich schaffte es.

Die frühesten Erinnerungen an meine Schulzeit sind recht verschwommen. Das änderte sich, als ich im Alter von sieben Jahren meine erste Brille bekam. Von diesem Tag an war alles anders. Jetzt konnte ich in nie geahnter Schärfe sehen, wie sich die anderen Kinder über meine Brille lustig machten. Harry Potter würde ja erst in zwanzig Jahren auf den Plan treten und uncoole brilletragende Kinder auf der ganzen Welt in coole brilletragende Kinder verzaubern.

Nach meinem Schulabschluss studierte ich unter anderem in Göttingen, Tübingen, Hamburg, München, Lübeck, Köln, Wuppertal und Eichstätt Bildhauerei, Informatik, BWL, Theologie, Soziologie, Autonomie, Germanistik, Sorabistik, Onomastik und noch einen Haufen anderer Fächer. Ich habe da leider etwas den Überblick verloren.

Während meines Studiums hielt ich mich finanziell mit meiner Tanzkapelle «Johannes und die drei depressiven Geisteswissenschaftlerinnen» über Wasser. Unsere Spezialität: eine unkonventionelle Mischung aus Polka und Heavy Metal, die ich meinen Onkeln Jacob und Joseph verdankte.

Nach meiner Abschlussarbeit, in der ich Einsteins Relativitätstheorie relativierte, beschloss ich, in die weite Welt zu ziehen, um Verantwortung zu übernehmen, Dinge zu bewegen und unsere Gesellschaft mitzugestalten. Doch vorher fuhr ich noch einmal mit

Meine Tanzkapelle «Johannes und die drei depressiven Geisteswissenschaftlerinnen»

der Eisenbahn nach Schloss Schlüterburg, um mich von meinen Verwandten zu verabschieden. Meine Tante und meine fünfzehn Onkel gaben mir unzählige, einander widersprechende Ratschläge mit auf den Weg, und Opa Wilhelm warnte mich noch einmal eindringlich vor wassermelonenwerfenden Obst- und Gemüsehändlern. Da fasste ich mir ein Herz. Ich packte Opa Wilhelm an den Schultern und führte ihm ruhig, aber bestimmt vor Augen, wie grundlos seine Angst war: «Nur weil du irgendwann mal auf dem Markt eine Wassermelone geklaut hast, lauern doch nicht sechzig Jahre lang fünfundzwanzig Obst- und Gemüsehändler mit einer Wassermelone unter dem Arm an der nächsten Ecke auf dich!»

Opa Wilhelm überlegte, und plötzlich klärte sich sein sorgenvolles Gesicht auf.

«Du hast recht, Johannes! Die haben doch wahrlich etwas Besseres zu tun, als mich mit Wassermelonen unter dem Arm durch die Gegend zu jagen! Danke!»

Und dann tat er etwas, das er seit sechzig Jahren nicht getan hatte: Er zog sich Turnschuhe und Sporthose an und ging joggen.

Das letzte Foto von meinem Opa Wilhelm (links)

Lotti klappte das Fotoalbum zu. «Hat Ihr Großvater den Angriff des Obst- und Gemüsehändlerverbandes überlebt?»

«Keine Ahnung. Ich habe ihn nie wieder gesehen.»

Lotti nahm meine Hand und sah mich lange mit ihren wunderschönen Rehaugen an.

«Das tut mir sehr leid. Ihren Großvater werde ich nicht mehr zurückholen können, aber ich verspreche Ihnen, wir zwei, äh, wir vierundzwanzig werden gemeinsam Ihre Persönlichkeitsstörung beheben. Geben Sie mir ein bisschen Zeit.»

«Sie kriegen alle Zeit der Welt. Vielen Dank, Lotti!»

Ich war voller Zuversicht und beinahe schon glücklich. Spontan beugte ich mich vor und gab Lotti einen Wangenkuss. Sie errötete.

«Bis morgen, Johannes.»

«Bis morgen, Lotti.»

Grande Finale — Mein Leben nach der Therapie

«Einen wunderschönen guten Morgen, Johannes!» Meine Therapeutin Lotti Schwerdtfeger begrüßte mich zu unserer heutigen Sitzung mit einem triumphierenden Lächeln.

«Guten Morgen, Lotti», sagte ich. «Na, Sie strahlen ja wie ein Zwischenlager! Haben Sie etwa die Lösung aller meiner Probleme gefunden?»

Sie hob abwehrend die Hände. «Vielleicht nicht für alle Ihre Probleme, aber zumindest glaube ich, dass wir Ihre dissoziative Identitätsstörung so gut wie geknackt haben.»

«Oh, Sie haben meine kryptische Psyche durchschaut, Frau Doktor?»

Lotti lachte.

«Kryptisch? Johannes, in Ihnen kann man lesen wie in einem offenen Buch!»

Ich setzte mich auf den Stuhl vor ihrem Schreibtisch. «Na, dann erzählen Sie mal, wie's mir geht!»

Lotti setzte sich ebenfalls und fing an.

«Also, als Sie mir Ihre Kindheitsfotos gezeigt haben, da war mir sofort alles klar: Sie sind ohne Eltern aufgewachsen. Ihre Grundangst, verlassen zu werden, hat dazu geführt, dass Sie es all Ihren Onkeln recht machen wollten. Und um deren widersprüchlichen Ansprüchen zu genügen, haben Sie dann verschiedene Teilpersönlichkeiten entwickelt, mit verschiedenen Ansichten, Fähigkeiten und Moralvorstellungen. Extremes Beispiel: der Banker.»

«So ein Arsch», schnaubte ich verächtlich.

«Ein Arsch, der geliebt werden wollte und deshalb die Moralvorstellungen seiner arschigen Onkel übernommen hat!»

«Stimmt. Die hätten mich sonst für einen naiven Dummkopf gehalten und ignoriert.»

«Und wenn der kleine Johannes nicht gleichzeitig eine vollkommen anständige Teilpersönlichkeit gehabt hätte, hätten ihn seine anständigen Onkel ignoriert.»

«Ja, ich wollte als Kind eben, dass mich alle gern haben», gab ich zu.

«Genau. Ich glaube übrigens, dass Sie deshalb als Ausgleich diese freche jugendliche Teilpersönlichkeit haben.»

«No fake, Doc?», fragte ich grinsend.

«No fake, Digger», bestätigte Lotti. «Ihre Anpassungsfähigkeit hat sich in Ihrem späteren Leben fortgesetzt. Mit dem Negativbeispiel Ihres Großvaters Wilhelm vor Augen sind Sie in die Welt hinausgezogen, um so viel zu erleben wie möglich. Und jedem, dem Sie dabei begegnet sind, wollten Sie es recht machen: vom Papst bis zum Politiker, vom Bankdirektor bis zum Bahnchef, vom Nordkoreaner bis zum Nazi. Sie haben jedes Jobangebot angenommen, egal, wie viele Berufe Sie sowieso schon ausgeübt haben. Sie können einfach nicht nein sagen.»

«Ja.»

«Was würde denn passieren, wenn Sie mal ein Jobangebot ablehnen?»

Bei diesem Gedanken bekam ich sofort einen Anflug von Panik.

«Ablehnen?», sagte ich. «Um Gottes willen! Der Arbeitgeber würde nichts mehr mit mir zu tun haben wollen, und irgendein anderer würde die Arbeit dann so schlecht machen, dass alles den Bach runtergeht.»

«Aha», sagte Lotti interessiert. «Aber waren Sie denn erfolgreich in Ihren ganzen Berufen?»

«Na ja, schon, irgendwie.»

Lotti beugte sich vor und sah mir fest in die Augen.

«Aber in Ihrer Einleitung auf Seite 10 haben Sie doch geschrieben: ‹Alles erfolglos. Trotz meines unermüdlichen, ja beinahe hyperaktiven Engagements kam die Bahn jeden Tag aufs Neue zu spät, wurde in den Parteien weiterhin übelst herumgemurkst, fand die Bundeswehr immer noch nicht genug Freiwillige.› Tut mir leid, das sagen zu müssen, aber das hätte jeder andere genauso schlecht hingekriegt wie Sie. Sie haben ja nicht mal die Grünen richtig vernichtet.»

«Moment!», rief ich. «Sie haben die Einleitung gelesen? Ist das Buch über meine Zeit im ‹Kuckucksnest› etwa schon im Handel?»

«Na sicher», lachte Lotti. «Was glauben Sie denn, was der Leser gerade in der Hand hält?»

Ich war verblüfft, dann blickte ich nach oben. Lotti hatte recht. Wir wurden gelesen! Krass-o-mat! Ich versuchte mühsam, mich wieder zu konzentrieren.

«Na gut, Lotti. Sie meinen also, ich hätte mich in meinen ganzen Berufen gar nicht so anstrengen müssen?»

«Genau. Und ich fürchte, dass Ihre ganzen Berufe Ihnen auch nicht das geben werden, was Sie eigentlich suchen.»

«Was suche ich denn?»

«Warum ist denn der kleine Junge, der sie damals waren, so zwischen seinen Onkeln hin und her rotiert?»

«Er wollte geliebt werden.»

«Und – werden Sie von George W. Bush, Kim Jong-un, Mark Zuckerberg, Wladimir Putin, Bahnchef Grube und den Intendanten aller deutschen Fernsehsender geliebt?»

«Na ja, nicht so richtig.»

Mir wurde sehr seltsam zumute. Mein Leben und Streben, alles, worum ich dreiundzwanzigfach gekämpft hatte, schien sich aufzulösen. Lotti stand auf und legte mir sacht eine Hand auf die Schulter.

«Vielleicht brauchen Sie gar nicht dreiundzwanzig Berufe, um geliebt zu werden, Johannes.»

Ich blickte durch den Tränenschleier, der sich vor meinen Augen gebildet hatte, und plötzlich wurde mir alles klar: Es war nicht die Rettung der FDP, die ich wollte. Keinen neuen Rekordumsatz mit Verbrennflaggen oder griechischen Krisen-Statuen. Keinen weiteren Film mit Christine Neubauer. Was ich wollte, war: Lotti.

Lotti, die mich in diesem Moment mit so viel Wärme und Verlangen ansah, dass alles um mich herum zu kleinen schwarzen Buchstaben auf weißem Papier zerstob.

Wir sahen uns einige Sekunden lang tief in die Augen. Unsere Gesichter näherten sich einander, dann räusperte ich mich.

«Psychotherapeuten, die etwas mit ihren Patienten anfangen, handeln sehr unprofessionell, nicht wahr, Frau Doktor?»

Lotti schreckte zurück und rückte ihre bereits perfekt sitzende Lesebrille zurecht.

«Das stimmt. Ich stelle Ihnen schnell Ihre Entlassungspapiere aus.»

Sie schnappte sich ein Formular von Ihrem Schreibtisch, füllte es mit einigen wenigen, kaum lesbaren Worten aus, stempelte es ab und sprang in meine Arme. Wir küssten uns, erst vorsichtig, dann leidenschaftlicher. Ein Gefühl von Geborgenheit, nach dem ich mein ganzes Leben gesucht hatte, stieg in mir auf und erfüllte mich wie ein wärmendes Feuer, in dem die zersplitterten Teile meines Ichs verschmolzen.

Draußen blühten die ersten Blumen des Frühlings. Ein Schmetterling schlug sanft mit seinen Flügeln. Und es war alles, alles gut.

Plötzlich ging die Tür auf.

«Ach, hier stecken Sie, Herr Schlüter!»

Lotti und ich wandten unsere Köpfe. Vor uns stand Angela Merkel. Sie hatte ihre Fingerspitzen aneinandergelegt, und ihre Hände formten auf Bauchnabelhöhe eine Raute. Hinter der Kanzlerin versuchten Sigmar Gabriel, Peer Steinbrück und Frank-Walter Steinmeier, sich gleichzeitig durch den engen Türrahmen zu quetschen.

«Frau Bundeskanzlerin!», stotterte ich überrascht, während ich Lotti wieder auf ihre eigenen Füße stellte. «Welche Ehre, Sie …»

«Jaja. Schon gut», winkte sie ab. «Herr Schlüter, es ist ja schön, dass Sie sich amüsieren, aber ich muss Sie doch bitten, mit mir zu kommen. Das Land braucht Sie.»

«Die Bürger brauchen Sie!», ergänzte Sigmar Gabriel, der sich als Erster in den Raum gedrängelt hatte.

«Die Demokratie braucht Sie!», fügte Peer Steinbrück hinzu.

«Der SPD-Kanzlerkandidat braucht Sie!», ließ sich Frank-Walter Steinmeier vernehmen.

«Ach ja, und du weißt wohl auch schon, wer das sein soll, Frank-Walter?», höhnte Peer Steinbrück.

«Na, du jedenfalls nicht», gab Steinmeier patzig zurück. Die SPD-Troika diskutierte eine Weile hitzig miteinander über die K-Frage, während Angela Merkel einen Schritt auf uns zutrat. Sie blickte Lotti an, die gerade ihren Rock zurechtzog.

«Dr. Lotti Schwerdtfeger alias Lieselotte Schwerdtfeger alias Mrs. Lisa Swordpolisher alias Swertlana Fegerova. Wie ich sehe, sind Sie jetzt unter die Psychotherapeuten gegangen?»

Lotti grinste verlegen. «Wollte ich auch mal ausprobieren.»

«Na, das haben Sie ja dann auch», stellte die Kanzlerin fest. «Jetzt brauchen wir Sie aber bei unserem europäisch-amerikanisch-chinesischen Weltwirtschafts-Rettungsprojekt.»

«Oder bei unserem europäisch-südamerikanischen Welt-Gerechtigkeitsprogramm», kam es von irgendwo aus der sich kabbelnden SPD-Troika.

«Oder bei unserem solarbetriebenen Sahara-Begrünungsprogramm!», quäkte Claudia Roth, die eben hereingekommen war.

«Ja, oder bei was auch immer», sagte die Kanzlerin. «Draußen am Kaffeeautomaten steht ja noch Herr Ban Ki-Moon, dem fällt bestimmt auch noch was ein.»

Ich sah Lotti an.

«Du bist auch … äh … zu viele?»

Lotti lächelte und zuckte mit den Schultern.

«Meine fünfzehn Tanten waren alle sehr verschieden.»

«Und die Therapie?», fragte ich. «Und meine Persönlichkeiten? Sind die jetzt verschmolzen? Weg?»

«Das kannst du entscheiden, Johannes», sagte Lotti und gab mir einen Kuss. «Sie sind noch in dir, aber sie leben dein Leben nicht mehr für dich. Es liegt an dir, ob du ihre Fähigkeiten nutzen willst oder nicht.»

«Geht's noch kitschiger?», stöhnte Angela Merkel und sah auf ihre Armbanduhr. «Wir haben noch eine Weltwirtschaft zu retten.»

Ich richtete mich auf und legte einen Arm um Lotti.

«Jawohl, Frau Bundeskanzlerin», sagte ich, «ich bin bereit.»

«Sie auch, Schätzchen?», fragte die Kanzlerin und schaute Lotti an, deren Augen sofort unternehmungslustig blitzten.

«Frau Bundeskanzlerin», sagte Lotti mit festem Blick, «ich bin zu allem bereit. **Ich auch. Ich auch.** L̲E̲T̲'S̲ G̲O̲!»

Zufrieden schubste die Kanzlerin die immer noch diskutierende SPD-Troika und die anderen Politiker, die sich inzwischen eingefunden hatten, aus dem Zimmer, und gemeinsam gingen wir alle in Richtung Ausgang. Unterwegs trafen wir auf Professor Haberland, der gerade einen neuen Patienten in einem abgewetzten Cordsakko zu dessen Zimmer brachte. Eben sagte er zu ihm: «Sie haben einen sogenannten Burn-out. Damit liegen Sie im Trend, das haben viele zurzeit. Sie haben sich einfach überarbei…», als Angela Merkel ihn freundlich, aber bestimmt aus dem Weg schob. Ihm blieb der Mund offen stehen, als er unsere bunt gemischte Truppe vorbeiziehen sah.

Wir verabschiedeten uns von dem mit der Situation sichtlich überforderten Professor und verließen das Sanatorium. Draußen sattelten wir unsere Pferde und ritten mit Angela Merkel, Ban Ki-Moon und den anderen in den Sonnenaufgang, ohne uns noch einmal umzusehen.

Dennis & Jesko danken:

… ihren Familien (insbesondere Jeskos Bruder Marko für den Zeitungsausschnitt über «Huhn Daphne»);

… dem gesamten extra 3-Team (vor allem Dirk Westermann und Ulf Frenzel, die uns zu der Figur «Johannes Schlüter» inspiriert haben);

… allen guten Geistern beim NDR (und natürlich auch allen von ihnen Verlassenen);

… und natürlich allen Vollpfosten aus Politik, Wirtschaft und Showbusiness, um die es in diesem Buch eigentlich geht. Ohne euch hätte Johannes Schlüter dreiundzwanzig Leben weniger. Schön, dass es euch gibt!

Links zu «Johannes Schlüter»:

www.x3.de
www.facebook.com / extra3
http://bit.ly/kiHMDP

Links zu

www.dennisundjesko.de
www.facebook.com / dennisjesko
www.youtube.com / dennisundjesko
www.ndr.de / dennisundjesko
www.n-joy.de / entertainment / comedy / dennisundjesko221.html

Abbildungsnachweis

S. 23, 24, 39, 56 (Foto), 76, 128 (Piktogramm), 130, 150,
   175, 178, 214, 264: NDR
S. 29, 94: Christian Merten
S. 46, 56 (Zeichnung), 63, 128 (Foto), 144–147, 231–232,
   270–275: Jesko Friedrich
S. 66, 81, 108, 157, 218, 234, 250: Thorsten Wulff
S. 66, 81, 94, 108, 157, 218, 234, 250: © wambi/iStockphoto.com